신입사원의 비즈니스 메일, 서류 작성,
명함 사용, 전화 받기 등 회사 업무의 기본

위기탈출 신입사원

직업인 A

지음

진짜로 알겠습니다!

영진미디어

일러두기

- 본 도서의 일부 맞춤법은 가독성과 입말을 고려하여 사용되었습니다.
- 본 도서에 소개되는 가이드와 용어는 입사한 회사의 분위기와 직무에 따라 상이할 수 있습니다.
- 본 도서에 소개되는 앱 및 프로그램의 정보는 도서 출간 시기를 기점으로 정리되었기에, 출간 이후 해당 업체의 상황에 따라 변동될 수 있습니다.
- 도서명은 『 』를, 드라마명은 < >를 사용하여 기재하였습니다.

3부
본격적인 업무를 위한 가이드

4부
꺾이지 않는 신입사원의 멘탈

⋆⁺˚ 프롤로그 ˚⁺⋆

『위기 탈출 신입사원』은 신입사원이 회사에 입사한 후 1년간 겪을 수 있는 위기와 이를 해결할 수 있도록 도움을 주는 책입니다. 회사 내 직급이나 암묵적인 관습조차 아는 게 없는 신입사원의 입장에서 궁금할 만한 내용을 담았습니다. 저는 입사 후 1년간 가장 혼란스럽고 힘들었기에, 책의 이야기를 통해 당신의 1년을 열렬히 응원하겠습니다.

이 책은 '신입사원 A'의 위기가 담긴 짧은 네 컷 만화와 함께 해당 위기를 이겨 낼 방법을 자세히 다룹니다. 또, 장의 마지막에는 TIP 또는 각 장에 대한 간략한 요약이 있어 바쁠 때는 요약만 읽고도 내용을 이해할 수 있도록 준비했습니다.

1부 '취업 성공'에서는 첫 출근 전 준비물을 꼼꼼히 챙길 수 있도록 체크리스트와 함께 TIP을, 2부 '첫 출근 후 일주일'은 신입사원이 회사에서 가져야 할 태도에 대해서 다루었습니다. 이어서 3부 '본격적인 업무를 위한 가이드'에서는 회사 내 커뮤니케이션, 메일 작성, 업무 통화 등 기본 업무에 대한 TIP을 확인할 수 있습니다. 마지막 4부 '꺾이지 않는 신입사원의 멘탈'은 신입사원이 회사에서 지치고 힘들 때 위로와 함께 저의 경험을 바탕으로 해결 방안을 제안합니다.

회사 혹은 직무마다 책에 있는 가이드가 다르게 적용되는 경우가 있기 때문에 가이드를 100% 지켜야 한다는 생각으로 읽기보다는 업무를 하며 참고하는 것을 추천합니다. 만약 제가 신입사원이라면 회사 책상 한 켠에 책을 꽂아 두고 모르는 게 생겼을 때나 도움이 필요할 때 해당하는 내용을 읽어 보는 식으로 활용할 것 같습니다.

먹고 사는 일은 쉽지 않지만, 어떤 어려운 일이 닥쳐도 혼자서 애쓰기보다 함께 돕는다면 무슨 일이든 해낼 수 있습니다. 이 책을 통해 제가 멀리서나마 고군분투하는 신입사원분들을 도울 수 있기를 바라며, 새로운 시작을 응원합니다.

✦✦ 등장인물 ✦✦

신입사원
A

만화의 주인공이자
이제 막 회사에 입사한
마케팅팀 신입사원이다.
굉장한 노력파로
성실함이 장점이다.

대리
캣

A와 같은 팀 상사로
어떤 업무이든 척척 해내는
회사의 손꼽히는 일잘러.
그러다 보니 항상 많은
업무에 시달리고 있다.

마케팅팀의 팀장으로,
일을 잘하고 업무 수완이 좋다.
본인이 일을 잘하다 보니
팀원들에 대한 업무 기대치가
높은 편이다.

팀장
애프리콧

데이터팀의 데이터 분석가로
차분한 성격의 소유자다.
본인이 맡은 일은 끝까지
최선을 다하는 성실한 동료다.

다즌 팀 동료
아보카도

1부

취업 성공

1

여러분의 도전을 응원하는
친구의 마음으로

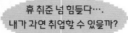

지난 몇 년간 계속되고 있는 취업난을 극복하고 '취업'에 성공한 여러분, 안녕하세요. 저는 여러분과 마찬가지로 어렵게 입사에 성공한 후 약 2년간의 짧고 굵은 회사 생활을 했던 '직업인 A'라고 합니다. 제가 이 책을 펼쳐 든 여러분에 대해 예상해 보자면 요즘 한국에서 대기업 신입 채용은 거의 가뭄에 콩 나듯 진행되니, 대다수가 대기업이 아닌 스타트업 혹은 중소기업에서 커리어(Career)를 시작할 것 같아요. 그리고 이러한 기업에는 일을 가르쳐 줄 사수나 선배가 없는 경우가 대부분이죠. 저 또한 사수 없는 직장 생활을 해 본 사람으로서, 여러분에게 해 주고 싶은 이야기가 많습니다.

회사에서 사수의 도움 없이 홀로 업무를 진행하게 되면 난처한 상황이 자주 발생합니다. 그런데 사실, 신입사원의 회사 생활을 어렵게 만드는 원인에 사수의 유무만 있는 것은 아닙니다. 이제 껏 경험해 보지 못했던 환경에 내던져지기 때문입니다. 굉장히 다른, 처음 보는 규칙과 관습으로 돌아가고 있는 이 '회사'라는 사회에 어떤 가이드도 받지 못하고 입성했기 때문입니다. 더군 다나 회사는 여러분께 단시간에 나의 쓸모를 입증하라고 말합 니다. 신입사원이 회사에 적응하고 잘해 나가기란 여간 쉽지 않 습니다. 여러분이 이뤄 낸 취업 성공은 긴 취준 생활의 마침표 를 찍는 것이 아니라 새로운 출발점이자 도전인 셈입니다.

저는 신입사원이 회사에 적응하는 데 필요한 시간으로 1년을 잡고 이 책을 준비했습니다. 회사의 업무 프로세스는 크게 1년 단위로 흘러가기 때문에, 신입사원이 회사에 적응하려면 1년이 필요하다고 봐야 해요. 자, 그럼 한번 생각해 봅시다. 홀로 회사 에서 생존하는 데 필요한 건 무엇일까요?

저는 회사 경험이 있는 친구가 여러분께 가장 필요할 것이라고 생각해요. 아무리 어려운 상황이라도 나를 도와줄 수 있는 친 구와 함께라면 잘 극복할 수 있으니까요. 물론 연차가 많은 선배가 더 실질적인 도움을 줄 수도 있겠지만, 또래라서 가능한 공감과 이해가 있죠. 그러니 이 책을 통해 저와 부담 없이 회사 이야기를 나눠요. 저는 공감해 주는 친구이자 회사 생활을 조금이나마 겪어 본 가이드로서 여러분의 도전을 돕기 위해 『위기 탈출 신입사원』을 만들었습니다. 물론 저 또한 경력이 많은 것은 아니기에 본문에 나와 있는 것이 정답은 아닙니다. 하지만 여러분이 회사에서 맞닥뜨리게 될 장애물을 보다 손쉽게 극복할 수 있도록 나름의 노하우를 담아 보았어요. 부디 이 책이 다소 외롭고 차갑게 느껴지는 회사 생활에 도움을 줄 수 있길 바랍니다.

첫 출근 전
TIP

내일은 첫 출근!
준비물 미리 챙겨야지.

내일 입을 옷 꺼내 놓고~

수첩이랑 필기도구,
각종 서류 챙기면 끝!

아, 지각하지 않도록
일찍 잠드는 건 필수!

첫 출근 전날 여러분께 도움이 될 만한 이야기를 정리해 봤어요. 가벼운 마음으로 읽어 보길 바라요.

입사 서류 제출 시 주의 사항

합격 연락을 받았다면 인사 담당자가 문자나 메일로 출근 날 가져와야 하는 서류 목록을 알려 줄 거예요. 보통은 최종 학력 증명서, 성적 증명서, 자격증 취득 내역, 주민등록등본(초본), 통장 사본 등을 요구하는데, 자격증 취득 내역을 제외한 각종 증명서는 원본으로 제출하는 것이 좋습니다. 가끔 주민등록등본(초본) 제출을 불편해하는 분도 있는데, 이는 본인 확인과 4대 보험, 소득 신고를 위해 필수적인 서류니 꼭 챙겨 가야 해요. 게다가 회사 측에서는 입사자의 명확한 신원을 파악하기 위해서 필요해요. 또, 제출 기한은 필수로 지키는 것이 좋아요. 기한을 안 지킬 경우 자칫 일을 시작하기 전에 신뢰부터 잃는 불상사가 생길 수도 있습니다. 주민등록등본(초본)의 경우 온라인 민원24 홈페이지나 지하철역, 마트 등에 있는 무인 발급기 등을 이용해 발급받으면 더욱 간편해요.

급여 통장 개설할 때 필요한 서류들

회사에서 월급을 지급할 때 통상 주거래 은행을 통해 지급하는 경우가 많습니다. 이를 위해 해당 주거래 은행에서 월급 통장을 신규 개설할 경우 사원증, 재직증명서, 명함, 급여 명세서 등의 증명 서류가 필요해요. 물론, 은행에 따라 개설 방법과 필요한 자료에 차이가 있으니 확인이 필요해요. 또한, 기존에 회사가 이용하고 있던 주거래 은행의 계좌를 사용하고 있었더라도 급여 통장으로 전환하기 위해서는 급여 성격의 이체 건수 등의 조건을 충족해야 합니다. 첫 출근 후 인사 담당자에게 급여 통장 개설 시 필요한 서류에 대해 문의하고 준비하는 것이 좋아요.

출근 첫날 옷차림은 무난하고 단정하게

출근 복장은 업종과 회사 내 분위기에 따라 천차만별이에요. 설립된 지 오래된 기업일수록 컬러 염색, 추리닝, 샌들 등을 허용하지 않는 경향이 있습니다. 스타트업이나 업종에 따라 옷차림에 대해 크게 신경 쓰지 않는 곳도 있습니다. 기업 규모와 별개로, 입사하게 될 회사가 어떤 분위기인지 추측하기 어렵다면 첫 출근 날에는 무난하게 셔츠와 슬랙스를 입고 가는 것이 좋아요. 그래도 잘 모르겠다면 만약 내가 학교에서 조별 과제 발표를 맡았다면 입지 않을 옷과 신발은 피하자는 생각으로 고르는 게 좋습니다. 첫 출근을 한 이후에는 동료와 상사의 옷차림을 보고 앞으로의 옷차림을 참고하거나 인사 담당자에게 복장 관련 규정이 따로 있는지 물어보는 걸 추천해요. 처음 동료들을 만나는 자리니 깔끔한 옷차림으로 좋은 인상을 남기는 것을 추천합니다.

준비된 사람으로 보이기 위한 준비물

신입사원을 일잘러로 보이게 해 주는 아이템은 수첩과 필기도구입니다. 상사가 설명할 때 수첩을 꺼내어 메모하면 좋은 인상을 남길 뿐 아니라, 기억해야 할 내용을 잊지 않아 업무를 하며 도움을 받을 수 있습니다. 간혹 출근 첫날, 웰컴 키트(Welcome Kit)로 사내용 수첩과 필기도구를 주는 경우도 있지만, 회사에 따라서 주지 않는 경우도 많기 때문에 직접 챙겨 가는 것이 좋아요. 또, 출근 첫날에는 긴장돼서 정신이 없기 때문에 상사나 팀원이 하는 말을 적지 않고 듣기만 하면 그 말을 몽땅 잊어버릴 확률이 높죠. 그러니 꼭 수첩과 필기도구를 챙겨서 팀원 혹은 인사 담당자 등이 안내해 주는 말을 빠짐없이 적어 놓도록 합시다. 태블릿을 활용하는 것이 더 편하다면 수첩 대신 챙겨 가는 것도 좋습니다. 개인적으로, 제가 신입사원이라면 첫 출근날 태블릿과 수첩을 함께 가져 갈 것 같아요. 간단한 이야기를 주고받는 상황이거나 정신없는 상황에서는 태블릿보다 수첩이 더 편할 수 있거든요. 상황에 맞는 도구를 내가 편하게 선택할 수 있도록, 태블릿이 있다면 둘 다 챙기는 걸 추천하고, 태블릿이 없다면 수첩만 챙겨도 충분하다고 말해 주고 싶어요.

절대 지각하지 말자

출근 첫날부터 지각하는 신입사원을 좋게 보는 동료는 없습니다. 지도 앱을 이용해서 미리 출근길에 이용할 교통수단과 소요 시간을 확인해 두는 게 좋아요. 또한, 첫인상을 남기는 중요한 날인 만큼 여러 가지 변수를 예상해 두면 좋습니다. 그날의 날씨도 확인해서 눈이나 비로 늦지 않도록 준비하는 것이 좋습니다. 추가로, 9시 출근이라면 9시에 딱 맞춰서 출근하기보다는 적어도 10분, 15분 전에는 도착해서 크게 심호흡을 한 뒤 회사 안으로 들어서 보세요. 신입사원이지만 여유 있는 마음가짐으로 하루를 시작할 수 있습니다.

✛ 3 ✛
첫 출근 전
체크리스트

체크리스트 사용 방법을
알려 드릴게요!

1. 첫 출근에 필요한 각종 준비물을
체크리스트를 보며 확인한다.

2. 체크리스트에 없는 준비물이
있다면 빈칸에 적어 둔다.

적어 놔야
안 까먹겠지?

출근 전, 체크리스트를 보며
최종 점검하면 준비 완료!

출근 전날, 준비물을 확인해요

항목	내용	준비 여부
입사 서류	주민등록등본(초본)	○
	통장 사본	
	최종 학력 증명서	
	성적 증명서	
	자격증 취득 내역	
	기타 서류(취업 지원대상자 증명서 등)	
준비물	수첩 및 필기도구	○
	태블릿	
	텀블러 및 물컵	
기타	출근길 동선을 파악했는가	○
	날씨를 확인했는가	
	기상 시간을 체크했는가	
	기상 시간에 맞는 알람을 설정했는가	
	입을 옷을 정했는가	

자, 이제 첫 출근 준비는 끝입니다. 첫 출근이라는 새로운 시작을 앞두고 "내가 잘할 수 있을까?"라는 생각 때문에 긴장되고 떨릴 텐데요. 그 어려운 취업도 해낸 여러분이 못 할 일은 없다고 생각해요. 지금까지 극복해 온 난관을 떠올리면서, 스스로를 칭찬해 주고 용기를 북돋아 주세요. 긴장된 마음을 조금이나마 이완시켰다면, 이제 저와 함께 본격적인 회사 생활을 힘차게 시작해 봅시다.

2부
첫 출근 후 일주일

1

첫 출근할 때
기억해 두면 좋은 것들

두근두근 긴장되는 첫 출근 날 가장 중요한 건 뭘까요? 직장 동료에게 긍정적인 첫인상을 심어 주는 것입니다. 긍정적인 첫인상에 효과적인 방법은 '인사'입니다. 인스타그램에서 회사 만화를 그리고 있는 저는, 간혹 첫 출근 날에 뭐가 중요한지, 신입사원이 일잘러로 평가받기 위해서는 어떤 걸 신경 쓰면 좋을지에 대한 질문을 받곤 하는데요. 그때마다 인사만 밝게 잘해도 충분하다고 답변하고 있어요.

좋은 첫인상은 인사로부터

우선, 회사에 도착한 후에 나의 자리를 소개해 주는 담당자와 웃으며 인사를 나누세요. 팀원들에게 자신을 소개할 시간이 생기면, 그때 주변인과 눈을 맞추며 미소와 함께 인사를 건네 보세요. 자신을 소개할 때는 인사와 함께 이름만 밝혀도 좋지만, 좀 더 여유가 된다면 간단하게 담당한 직무와 입사를 위해 했던 그동안의 이야기를 풀어도 좋아요. 예를 들어, "안녕하세요. 콘텐츠 마케터로 입사하게 된 A입니다. 입사하기 전에는 SNS에 인스타툰을 업로드했습니다. 아직 부족한 점이 많지만, 지금까지의 경험을 잘 살려서 열심히 일해 보겠습니다. 잘 부탁드립니다." 이런 식으로요. 이렇게 길게 이야기하는 게 어렵고 부담스럽다면, 간단하게 앞으로의 각오를 함께 밝히는 것만으로도 충분하니 인사말에 큰 부담감은 갖지 않아도 괜찮습니다.

이렇게 밝은 인사가 중요한 이유는 사실 회사는 애초에 경력직이면 모를까, 신입사원에게 어떤 특별한 업무 능력을 요구하지 않기 때문입니다. 그래서 상사는 입사 초기의 신입사원을 태도 위주로 평가하는 경우가 많아요. '이 사람이 우리 팀과 잘 맞고 적응을 잘 하는 사람인가?', '계속 함께 일하고 싶은 사람인가?'에 대한 것들을 확인하고 싶은 거죠. 내가 사람들과 무난히 잘 어울릴 수 있는 밝고 긍정적인 사람임을 어필하는 것이 좋습니다. 그리고 스스로를 어필할 수 있는 가장 쉬운 방법은 '인사'인 거고요. 앞으로 함께 업무할 팀원들에게 밝게 인사를 건넸다면 여러분이 할 수 있는 최선을 다한 것이라고 말해 주고 싶어요.

퇴근할 때는 인사보다 질문을 먼저

첫 출근 날, 업무 매뉴얼이나 회사 생활 관련된 안내를 정신없이 받다 보면 시간이 훌쩍 지나서 금방 퇴근 시간이 다가오는데요. 이렇게 퇴근 시간이 다가오면 신입사원은 아마 '퇴근할 때는 어떻게 해야 하지? 그냥 인사하고 나가면 되는 건가?' 하고 눈치를 보는 경우가 많은 것 같아요. 저 또한, 신입사원 시절에 상사에게 어떻게 말하고 퇴근하는지 알 수 없어서 부담감을 안고 퇴근 시간을 맞았던 기억이 납니다. 퇴근 시간은 정해진 업무 시간이 끝난, 정시 퇴근을 하는 것이 맞습니다. 동료와 상사에게 인사한 후 퇴근하면 되는데, 회사의 문화에 따라 용납이 되지 않는 곳도 있는 것 같아요. 일부 회사는 부하 직원이 상사의 퇴근 시간보다 앞서서 퇴근하는 것을 지양할 수 있거든요.

반드시 그럴 필요는 없지만, 앞으로 여러분의 평화로운 회사 생활을 위해서 첫 출근 후 일주일 동안은 정해진 퇴근 시간에서 10분 정도는 지난 후에 퇴근하는 걸 추천해요. 일단 출근 첫날에 팀장님이나 부장님 외에 다른 동료들이 어떻게 퇴근하는지 지켜본 후에 팀의 분위기를 파악하고, 그에 맞게 퇴근하는 모습을 보여 주면 좋을 것 같습니다. 첫 출근 후 일주일 동안은 최대한 팀 분위기를 살펴보면서 거기에 맞춰 나가는 노력을 하는 게 회사에서 듣기 싫은 소리를 듣지 않고, 업무 외의 부정적인 평가를 받지 않는 방법이라고 생각합니다. 퇴근할 때는 상사에게 인사만 남기고 퇴근하기보다는, "오늘 주신 업무 매뉴얼 다 읽어 봤습니다. 제가 오늘 더 해야 할 일이 있을까요?"처럼 내가 오늘 한 일을 이야기하면서 더 할 일이 남았는지 조심스럽게 물어보는 걸 추천해요. 혹은 "제가 할 일이 더 남았을까요? 없다면 퇴근하려고 하는데 괜찮을까요?"라고 정중하게 묻는 것도 방법입니다. 하지만 두 번째 예시는 퇴근에 대해 직접적으로 상사에게 언급해서 신입사원에게는 다소 부담스러운 방법일 것 같아요. 저는 첫 번째 예시처럼 상사에게 묻는 것을 추천합니다. 조금 더 완곡하여 비교적 부담감이 적은 질문법이에요.

저 또한 처음 회사에 출근하던 날, 긴장하던 기억이 있어요. 웃으면서 밝은 모습으로 상사에게 인사하고 싶었는데, 떨린 나머지 웃고 있는 제 입꼬리가 덜덜 떨렸던 기억이 납니다. 당시 저는 긴장감을 해소하기 위해서 제가 느끼는 이 긴장감이 신입사원이라면 누구나 느끼는, 보편적인 감정임을 받아들였던 게 큰 도움이 됐어요. 그리고 '왜 이렇게 긴장을 많이 하지?' 하고 저 스스로를 돌아봤습니다. 생각해 보니, 저는 '평가에 대한 두려움'과 '자기 확신의 부족' 이 두 가지 때문에 긴장하더라고요. 여러분이 긴장감을 가라앉히는 데 조금이나마 도움이 될 수 있도록 제 경험을 이야기해 보려고 해요.

제가 첫 출근 날 가졌던 긴장감은 '평가에 대한 두려움'이 원인이었어요. 이러한 긴장감은 내가 회사에서 평가를 '당한다.'라는 생각에 몰두하여 생긴 불안이더라고요. 저의 과도한 긴장감을 완화시키기 위해서 '나는 평가당하는 을(乙)이 아니다.'라고 생각을 바꿨습니다. 어쨌거나 입사와 퇴사 모두 근로자의 권리이고 나와 잘 맞지 않는 회사는 나의 선택으로 나올 수 있습니다. 긴장감이 커서 불안하다면 저처럼 '나도 회사를 평가한다.'라는 마음을 가져보세요. 평가 요소에는 '적어도 1년 동안 나의 경력을 쌓는 데 문제가 없는 곳인가?'가 있습니다. 한 회사에서 1년은 채워야 경력으로 남길 수 있으니까요. 나의 직무 능력을 원하는 방향으로 향상시킬 수 있는 환경인지 보는 거예요.

두 번째로 '자기 확신의 부족'은, '내가 잘할 수 있을까?'와 같은 생각을 말합니다. 저는 출근을 앞두고, 혹은 출근한 뒤에도 이와 같은 고민에 시달렸어요. '못할 것 같은데.'와 같은 생각에서 벗어나기 위해 지금까지 노력하여 성취한 것들을 메모장에 간단히 정리해 보기도 했습니다. 이러한 방법이 생각보다 큰 도움이 되어서 여러분께도 추천합니다. 메모장에 여러분의 성취를 적어 보세요. 엄청난 결과가 있는 것이 아니어도 괜찮아요. 소소하게 성취감을 느꼈던 일도 좋습니다. 내가 무엇이든 해낼 수 있는 사람이라는 것을 생각하는 것만으로도 큰 도움이 돼요.

어떤 조직이나 회사에서는 정해진 호칭이 없는 경우가 있죠. 그럴 때 호칭을 고민하게 되는데, 우선 'OO 씨'라는 표현은 쓰지 않는 것을 추천해요. 왜냐하면 우리 사회에서 '씨(氏)'라는 표현은 대체로 동료나 아랫사람에게 쓰는 표현이기 때문입니다. 상대방의 나이나 직급을 잘 몰라 호칭이 애매한 경우에는 'OO 님'이라는 호칭으로 부르는 것을 추천하고 싶어요. 만약 상대방의 이름을 몰라서 'OO 님'이라고 부를 수 없다면 우선 상대방에게 호칭을 어떻게 하면 좋을지에 대해서 공손하게 물어보는 것도 방법입니다.

회사에는 직급이 존재하는데, 회사마다 다른 호칭과 직급 체계를 사용합니다. 광고 회사의 경우 '프로'나 '매니저'라는 호칭을 사용하기도 하고, 비교적 수평적인 문화를 가진 회사는 직급과 상관없이 상사를 부를 때에도 'OO 님'이라는 호칭을 사용하기도 하죠. 그렇지만 이런 경우는 특별한 경우라서 타 기업이나 대행사 등과 협업을 진행할 때를 대비하여 보편적인 회사 내 직급 체계를 알아 두는 게 좋아요.

↑ 일반 직급 체계

↑ 임원 직급 체계

✦ 2 ✦
자리 배치 후에는
분위기를 살펴봅시다

첫 출근 후 자리 배치를 받고 나면 마땅히 할 일이 없는 붕 뜨는 시간이 종종 있어요. 인수인계 전이나 혹은 신입 교육 시간 전, 팀원에게 인사하기 전 자리에서 대기할 때 등 이런 자투리 시간에 하기 좋은 것은 '분위기 파악'입니다. 팀이나 회사에 따라 분위기가 천차만별이기 때문에, 내가 속한 팀에서 빠르게 적응하고자 한다면 틈틈이 분위기를 파악하는 것이 좋아요.

모든 힌트는 동료에게 숨어 있어요

회사 내부의 업무 문화나 팀 문화는 어떤 사람들이 모였는지에 따라 천차만별입니다. 업무를 처리하면서 잡담을 하는 게 자연스러운 문화일 수도 있고, 도서관처럼 조용하게 업무를 처리하는 게 문화일 수 있어요. 그런데 신입사원은 회사마다 분위기가 다를 수 있다는 걸 모를 수밖에 없잖아요. 그러다 보니 신입사원들은 실수 아닌 실수를 하는 경우도 꽤 있는 것 같아요. 예를 들어 인턴을 했던 회사에서는 사무실에 음악도 틀어 놓고 헤드폰을 끼고 업무를 봐도 되는 분위기였는데, 새롭게 입사한 회사는 그런 분위기가 아니어서 실수하게 되는 상황이요. 그러다 보니, 여러분이 회사에 입사하면 그 회사만의 문화에 익숙해지는 시간이 필요해요. 팀원들을 잘 살펴보는 게 회사에 적응하는 데 큰 도움이 돼요.

입사 초반에는 다른 팀원의 행동을 참고하는 기간을 갖는 것을 추천합니다. 사무실 내 소통 방법을 예로 들 수 있는데, 이는 회사의 규모나 업계에 따라서 다릅니다. 예를 들어, 작은 기업에서는 담당자 자리에 직접 찾아가는 대면 소통을 선호할 수 있지만 규모가 보다 큰 기업에서는 대면 소통보다는 메신저나 메일 소통을 선호할 수 있어요. 회사에서 선호하는 소통 방식으로만 동료들과 소통할 필요는 없지만, 대면 소통을 거의 하지 않는 회사에서 다짜고짜 다른 팀의 담당자에게 찾아가서 업무 얘기를 한다면 서로 당황스러운 상황이 펼쳐질 수 있거든요. 팀원들이 사무실 내에서 어떤 식으로 의견을 주고받는지를 지켜보고 메신저 활용은 어떤 식으로 하는 지에 대해 살펴보는 것이 좋아요. 또는 다른 동료들에게 물어봐도 좋습니다.

분위기 메이커가 될 필요는 없어요

개인적인 이야기지만, 저는 굉장히 내성적인 편입니다. 그러다 보니 입사 전 회사 생활에 적응하는 데 밝고 적극적인 태도가 도움이 된다는 한 유튜브 영상을 보고 걱정을 많이 했어요. 아마 제가 고민했던 것과 비슷한 걱정을 하는 신입사원이 꽤 있을 것 같아요. 입사 첫날, 밝고 외향적인 모습을 보여 줘야 하는 건 아닌가 하고 고민하는 분들이요. 이런 분에게 제가 해 주고 싶은 말은, "본인의 성정대로 행동하는 것이 더 좋더라."입니다. 신입사원이라면 으레 '분위기 메이커', '살가운 행동'에 대한 부담감을 느끼게 된다고 생각해요. 물론 어떤 회사에서는 실제로 이런 신입사원을 반기는 경우도 있겠지만, 좋은 업무 문화를 가진 회사는 신입사원의 성격으로 업무 태도를 평가하지 않습니다. 신입사원의 성실성과 뭐든 열심히 배우려는 의지를 중요하게 보기 때문이에요.

입사 첫날부터 자신의 성격으로 인한 부담감을 느끼지 않았으면 좋겠어요. 앞서 말한 것처럼 인사와 밝은 미소만 팀원들과 나누어도 충분합니다.

회사에서는 차분한 성격이 장점이 될 때도 많아요. '저 사람은 말을 신중하게 하는구나.', '침착한 사람이다.'라고 긍정적으로 평가하는 경우도 많거든요. 성격이 내성적이라서 걱정하는 사람이 있다면 여러분의 성격을 회사를 위해 바꿀 필요 없이, 있는 그대로도 괜찮다고 말해 주고 싶습니다.

① 내가 입사한 회사 문화에 적응하는 기간을 가지세요. 보다 빠르게 회사에 적응하기 위해서는 팀원들의 행동을 관찰하면서 참고하는 것을 추천합니다.

② 신입사원이라 분위기 메이커가 되어야 한다는 부담을 갖고 있거나, 본인이 내성적인 성격이라서 걱정이 된다면 부담감을 내려놓았으면 좋겠습니다. 제가 겪어 보니 회사에서는 신입사원의 성격보다는 성실한 태도를 더 중요하게 생각합니다.

✦ 3 ✦

인수인계서나
신입 교육 자료를 받았을 때

대기업은 신입사원 내부 교육 훈련인 OJT(On the Job Training)가 따로 있지만 중소기업은 바로 업무에 투입되는 경우가 많아요. OJT로 교육을 받거나 인수인계서를 전달받게 될 때, 참고하면 좋은 것을 정리했습니다.

'당연히 알아듣게 설명해 주겠지?'라는 기대는 NO!

보통 상사나 인사 담당자는 교육 자료나 인수인계서를 전달한 후, 신입사원에게 자료를 설명해 줘요. 하지만 업무에 대한 구체적인 설명을 해 주지 않는 경우도 많습니다. 상사가 설명해 주더라도 실무 경험이 전혀 없는 신입사원에게 상사의 설명은 그저 처음 듣는 외계어처럼 느껴질 거예요. 그래서 회사에 입사하면 '상사가 신입사원의 수준에 맞게 설명해 주겠지?'라는 기대는 하지 않는 것이 좋습니다. 대신, '내 밥그릇 내가 챙긴다.'라는 생각으로 궁금하거나 모르는 점은 꼼꼼하게 체크해서 질문하는 태도를 가지는 것이 앞으로의 회사 생활에 더욱 도움이 됩니다.

신입사원에게 이렇게 얘기하면 '교육받지 못해서 생긴 문제는 그냥 나의 실수로 받아들여야 하는 건가요?'라고 되물을 수 있는데요. 내가 사전에 전달받지 못한 업무 내용 때문에 어떤 문제가 생겼을 때는 '사전에 전달받지 못한 내용이었다.'라고 나의 입장을 변호하는 것이 맞습니다. 하지만 대부분의 상사는 이러한 신입사원의 항변을 이해해 주지 않아요. 또한, 상사의 입장에서는 '이야기해 주었는데, 네가 제대로 듣지 않았구나.' 할 수도 있습니다. 앞으로 오랜 기간을 동료로 함께할 사이에 지적하는 대화를 입사 초반부터 주고받는 일은 좋지 않을 수 있어요. 이런 상황을 미연에 방지하기 위해서, 상사가 준 업무 자료는 집중하여 정독하고 질문할 내용을 꼼꼼하게 체크하여 물어보는 습관을 길러 보도록 노력합시다.

'센스 있는' 신입의 첫 번째 관문

센스 있는 신입이라 불리는 사람들에게는 한 가지 공통점이 있습니다. '질문'을 적재적소에 잘한다는 것인데요. 상사에게 어떤 질문을 할 때에는 즉흥적으로 질문하기보다는 궁금한 사항을 한꺼번에 정리해서 질문하는 것이 좋습니다. 예를 들어, 신입사원이 어떤 업무를 맡게 됐다고 가정해 보죠. 이때 신입사원은 처음 맡겨진 업무에 대한 초조함이 가득합니다. 그 와중에 빠르게 이 문제를 해결하여 상사에게 일잘러라는 이미지를 어필하고 싶은 경우가 많아요. 그러다 보니 다른 업무를 하고 있는 상사에게 5분에 한 번씩 질문을 하거나, 업무 중 어떤 문제에 맞닥뜨렸을 때마다 다급하게 상사를 찾는 경우가 많습니다. 그런데 상사는 대개 신입사원이 해낼 수 있을 만한 일을 맡기지, 마감에 임박하거나 난이도 높은 업무는 잘 맡기지 않습니다.

신입사원이 초조함을 느끼는 부분이 다른 동료들에게는 사소할 수 있다는 점을 기억하고 있는 게 좋아요. '해보고 안 되면 이 문제는 도움을 받을 수 있다.'라는 생각으로 부담을 빼고 노력해 본 뒤, 안 되는 일은 모두 메모해 두고 한 번에 해결하면 좋습니다. 문제가 발생할 때마다 상사에게 찾아가서 물어보면,

그 문제를 해결한 뒤에 다시 발생할 수 있는 문제를 물어보는 데 괜한 눈치를 보게 될 수도 있어요. 또한, 나조차도 무엇이 문제인지 이해하지 못한 채로 '이거 왜 안 되나요?'라는 식의 질문을 퍼부으면 상사 역시 난감할 수 있습니다. 다른 분들도 본인의 업무로 바쁜 상황일 수 있다는 것을 생각해 보면 좋아요.

상사에게 질문할 때는 나의 생각을 정리한 다음, 문제 상황을 전달하는 것이 좋아요. 단, 너무 오랜 시간 한 가지 문제를 가지고 끙끙 앓는 것은 좋지 않습니다. 해당 업무에 대한 구체적인 설명을 전달받지 못했거나, 상사가 "예", "아니오"로 대답해 줄 수 있는 간단한 문제라면 즉각적인 질문을 통해 해결하면 좋습니다.

상사의 모든 말을 메모해야 하는 이유

신입사원은 업무 교육을 받을 때나 상사의 지시 및 피드백, 그리고 회의 내용을 꼼꼼히 메모해 두는 것이 좋습니다. 메모로 인해 업무 이해도가 빠르게 올라가고 실수를 줄일 수 있기 때문입니다. 꼼꼼한 메모는 상사에게 일 좀 하는 성실한 팀원이라는 점을 어필할 수 있는 쉬운 방법이기도 합니다. 단, 본인이 생각하기에 중요하다고 여겨지는 내용만 메모하는 것보다 상사나 팀원의 잡담을 제외한 모든 업무 내용을 필기하는 것이 좋아요. 왜냐하면 신입사원 입장에서는 중요하지 않은 이야기라고 생각해서 필기하지 않았는데, 상사 입장에서는 그 이야기가 매우 중요한 이야기였을 수 있기 때문이죠. 또한, 상사의 입으로 업무 내용을 전해 들을 때는 쉬워 보여서 필기할 만큼의 내용이 아니라고 여겼는데, 막상 업무를 하다 보면 해당 사항을 잊어버려서 실수할 수도 있습니다.

신입사원은 아직 업무 이해도가 높지 않기 때문에, 모든 내용을 적어 둔 뒤, 메모한 내용을 복기하면서 업무 이해도를 높이는 것이 좋아요. 상사가 피드백을 줬을 때 메모를 제대로 하지 않아서 수정 요청한 부분을 빠뜨린 채 다시 확인을 요청한다면, 상사로 하여금 일을 대충하는 팀원이라는 인상을 줄 수 있으니 이 점을 유념하길 바랍니다. 결국 필기만 잘해도 신입사원 때 발생할 수 있는 여러 가지 실수를 확실하게 줄일 수 있습니다.

상사의 모든 말을 필기하면 좋지만, 충분히 피곤한 일임을 알고 있습니다. 그래서 메모에 대한 부담을 줄이면서, 업무에 대한 실수도 효과적으로 줄여 줄 수 있는 '메모 앱'을 몇 가지 추천하려고 합니다. 다만, 업무 중 녹음을 하게 된다면 먼저 상대방의 동의를 구하는 것이 기본이라는 걸 알아두길 바랍니다.

메모 앱
클로바노트
다글로
노타빌리티
삼성노트

녹음과 동시에
내용이 자동으로 받아쓰기 됐으면 좋겠어요!

① 클로바노트

AI 녹음 서비스로, 녹음과 동시에 대화 내용을 텍스트로 기록해 줍니다. 휴대폰과 PC, 태블릿 등 이용 가능하며 현재는 베타 서비스(Beta Service) 중이라서 휴대폰 앱에서는 녹음이 텍스트로 무제한 변환 가능하고 PC에서는 매달 300분의 무료 사용 시간이 제공됩니다. 클로바노트는 한 번에 최대 3시간까지 녹음할 수 있고 사용 방법이 간편해요. 3명 이하의 인원이 참여한 회의일 경우 비교적 정확하게 필기가 되는 편이며, 참석자를 구분합니다. 앱으로 녹음과 동시에 PC로 녹음에 대한 메모도 따로 할 수 있다는 점이 특징입니다. 또한 북마크 기능이 있어 녹음한 내용 중 중요 내용은 따로 표시해 둘 수 있고 AI가 자동으로 음성 내용을 요약해 주는 것이 꽤 편리한 편이죠. 클로바노트는 한국어, 영어, 중국어, 일본어 등 4가지 언어를 지원합니다.

② 다글로

다글로도 녹음과 동시에 대화 대용을 텍스트로 기록해 주는 앱이에요. 휴대폰과 PC, 태블릿에서 이용할 수 있습니다. 다글로는 한국어와 영어를 포함해서 독일어, 스페인어, 프랑스어 등 14개 언어를 지원하며 전체 스크립트(Script)의 내용을 AI가 요약해 주는 기능과 핵심 내용을 키워드로 추출하는 기능을 지원하고 있습니다. 다글로에서 받아쓰기할 수 있는 방법은 파일 업로드, 유튜브 링크 업로드, 직접 녹음 등 세 가지입니다. 다글로 앱을 통한 직접 녹음 기능은 사용량 제한이 없지만, 한 번에 최대 4시간까지 가능하며 무료 무제한 받아쓰기가 가능합니다. 외의 방법은 사용량 제한이 있으며, 이는 한 달에 20시간, 하루에 업로드 가능한 파일은 5건입니다. 더 많은 사용 시간을 원한다면 다글로에서 제공하는 플랜을 확인하고 유료로 이용할 수 있습니다. 단, 앱의 경우 지원하는 버전이 정해져 있으니 참고해 주세요. 또한 다글로는 녹음 후에 받아쓰기한 내용을 확인할 수 있습니다.

앱	클로바노트	다글로
한 건당 최대 녹음 시간	3시간	4시간
PC / 태블릿 지원	O	
무료 여부	앱 이용 시 무제한 무료 (PC는 매달 300분 무료)	앱 이용 시 직접 녹음은 받아쓰기 무제한 무료 (PC는 하루 5건, 한 달에 20시간까지 무료)
외국어 지원	4개 국어	14개 국어
녹음 동시 메모 가능	O	X (녹음이 모두 끝난 후 가능)
녹음 동시 북마크 기능	O	X
유튜브 영상 받아쓰기 기능	X	O
파일 업로드 기능	O	O
안드로이드, IOS 지원		

↑ 클로바노트와 다글로 비교

중요한 부분만 녹음하고

나머지는 직접 메모하고 싶어요

① 노타빌리티

노타빌리티는 애플 기기에서만 사용 가능한 앱으로 PC가 아닌 휴대폰 및 태블릿으로 편하게 녹음과 필기를 할 수 있는 생산성 앱입니다. 기본적인 메모와 녹음은 무료로 사용 가능하며 기기 간 iCloud 동기화 및 자동 백업 등의 기능은 연간 구독 서비스를 결제해야 사용할 수 있어요. 노타빌리티의 녹음 기능은 녹음과 노트 내용 중에 단어 및 사진 등을 클릭하면 해당 시간에 맞는 녹음 내용을 재생할 수 있습니다. 회의가 끝나고 난 뒤 노타빌리티에서 메모된 특정 내용의 단어나 이미지를 클릭하면 보다 정확하게 회의 내용을 확인할 수 있는 것이죠.

② 삼성노트

갤럭시 사용자라면 태블릿과 휴대폰 모두 지원하는 메모 앱 삼성노트를 활용해 보세요. 삼성노트는 추가로 결제할 필요 없이 무료로 사용할 수 있으며 다양한 템플릿과 음성 녹음 기능까지 제공합니다. 녹음이 끝난 후에는 앱 상단에 있는 컨트롤 바를 이용하여 원하는 구간으로 이동해 해당 구간에 녹음된 내용과 필기를 빠르게 확인할 수 있습니다. 삼성노트는 무료 앱이지만 노트별로 섬네일 이미지를 설정하여 다양하게 필기할 수 있는 점, 화면 분할 기능을 이용해 웹에 있는 이미지를 드래그(Drag)와 드롭(Drop)으로 가져오는 기능이 제공되어 여러모로 편리합니다.

① 상사가 준 업무 자료는 집중해서 꼼꼼히 정독하고, 궁금한 점이 있다면 미리 체크해서 물어보는 것이 좋습니다.

② 업무 중 모르는 점이 생겨서 질문할 때는, 정리해서 한 번에 물어보는 것이 좋습니다. 만약, 상사가 "예", "아니오"로 대답할 수 있는 단순한 질문이거나 다급한 상황이라면 즉각 상사에게 질문하는 것이 좋습니다.

③ 업무 중 실수하지 않기 위해서 상사의 업무 지시나 피드백은 모두 메모해 두는 것이 좋습니다.

4

회사 업무 시스템 및
협업 툴 익히기

(컴퓨터 화면을 가리키며)
A 님, 이 툴들이 우리 팀에서
사용하는 프로그램이에요!

헉, 전부 한 번도 안 써본
프로그램이잖아!

쓰다가 모르는 거
있으면 물어봐요!

넵!

전부 모르는데….

새로 입사한 직원은 보통 입사 첫날에 회사 내부 업무 시스템
과 협업 툴 계정을 생성합니다. 처음으로 회사 업무 시스템에
접속한 신입사원은 툴을 자연스럽게 사용하는 동료들을 보면
서 약간의 긴장감과 부담감을 느낄 거라고 생각합니다. 이번 장
에서는 회사에서 많이 사용하는 협업 툴 사용 방법 및 TIP을 적
어 보려고 합니다. 저는 IT 스타트업에서 주된 경력을 쌓았기
때문에 주로 IT 기업 혹은 스타트업에서 많이 사용하는 툴을 정
리해 봤습니다.

구글 워크 스페이스(Google Work Space)

구글 워크 스페이스는 스타트업과 중소기업 등 자체 업무 시
스템을 구축하기 어려운 회사에게 유료로 제공하고 있는 업
무 생산성 도구입니다. 많은 회사에서 구글 워크 스페이스를
사용하는데, 특히 지메일(Gmail)과 구글 스프레드시트(Google

Spreadsheet), 그리고 구글 캘린더(Google Calendar)를 활용합니다. 구글 캘린더 사용법은 비교적 간단해서, 지메일과 구글 스프레드시트를 사용할 때 알면 좋을 정보를 정리해 두었습니다.

[지메일 수신 확인이 필요하다면: 스트리크(Streak)]

지메일은 구글에서 제공하는 메일 서비스로 대부분 사용해 본 경험이 있을 것이라 생각합니다. 기본적인 사용 방법은 다른 메일 서비스와 동일하지만, 한 가지 단점이 있는데 바로 '수신 확인' 기능을 지원하지 않는다는 것입니다. 지메일은 수신자에게 제대로 메일이 보내졌는지, 상대방이 메일을 확인했는지 알기가 어렵죠. 만약, 지메일에서 '수신 확인' 기능을 사용하고 싶다면 크롬 확장 프로그램인 'Streak'를 설치하여 사용해 볼 것을 추천합니다.

크롬 웹 스토어에서 Streak를 검색창에 입력하고 'Streak CRM for Gmail'이라는 프로그램을 선택하여 설치하면 지메일에서도 수신 확인 기능을 이용할 수 있습니다. Streak를 설치한 후에는 지메일의 보낸 편지함에 '모든 추적된 메일'이라는 편지함이 새로 생깁니다. 메일을 보낼 때 오른쪽 이미지처럼 눈 모양 아이콘을 클릭하고 메일을 보내면 수신 확인이 자동으로 됩니다. 수신자가 메일을 몇 번, 어느 시간에 어느 위치에서 어떤 기기를 사용해 메일을 확인했는지 등 다양한 정보를 확인할 수 있습니다.

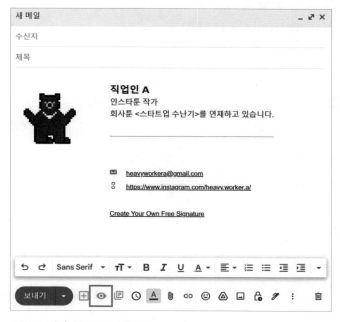

⬆ Streak 설치 후, 생성된 눈 모양 아이콘

많은 기업에서 사용하고 있는 구글 스프레드시트는 쉽게 말해 웹에서 사용하는 엑셀(Excel)입니다. 생각보다 많은 기업에서 엑셀보다 구글 스프레드시트를 활용하는데, 그 이유는 공동 작업 기능, PC를 종료해도 작업이 가능한 클라우드 기능 등 엑셀보다 편리한 서비스를 제공하고 있기 때문입니다. 아주 기본적인 사용 방법은 엑셀과 같으나 구글 스프레드시트는 엑셀과 단축키도 다르고 기능 면에서도 다른 부분이 많기 때문에 회사에 입사하기 전이나 입사하고 나서도 활용법에 대해 공부하는 것을 추천합니다. 협업을 할 때도 구글 스프레드시트를 자주 활용하여 툴에 대한 이해도가 높을수록 업무를 진행할 때 헤매지 않을 수 있어요.

구글 스프레드시트 사용법은 관련된 두꺼운 책이 따로 있을 만큼 내용이 방대하기 때문에 중요성에 대해서만 강조하고 넘어가겠습니다. 또한, 사용법은 유튜브에 검색하면 많은 영상에서 소개하고 있기 때문에 처음부터 유료 강의를 듣기보다는 필요한 기능만 유튜브에 먼저 검색해 보는 걸 추천합니다.

노션(Notion)

노션은 회사뿐만 아니라 많은 개인 사용자가 이용합니다. 회사 밖에서는 메모 앱으로 알려져 있지만 회사에서는 노션을 협업 툴로 많이 사용합니다. 노션은 사용법이 간단하고 팀의 업무 분배와 트래킹(Tracking) 등에 용이한 칸반(Kanban) 보드 등 다양한 템플릿을 제공하여 활용도가 높아 기업에서 선호도가 높은 툴로 알려져 있죠. 그래서 업무 프로세스가 복잡하지 않은 기업의 경우 업무 보고에도 노션을 활용하는 경우가 많아서 노션 사용법에 대해서는 가볍게 익혀 두는 것이 업무하는 데 편리할 거예요. 노션 자체의 사용법은 유튜브에 검색하면 무궁무진하게 나오기 때문에 그 부분은 생략하고 노션 이용에 도움이 될 만한 사이트를 정리해 봤어요.

[내가 전문가로 보이는 템플릿: 노션 템플릿 갤러리]

노션 템플릿 갤러리는 공식 노션 팀과 노션 커뮤니티에서 만든 템플릿 갤러리입니다. 이 갤러리에서는 넷플릭스, 데브시스터즈 등 실제 기업들이 사용하고 있는 템플릿도 확인할 수 있고 내가 원하는 템플릿을 선택한 후 복제해서 사용할 수 있어요. 갤러리에서는 직무 분야에 맞는 각종 템플릿 또한 확인할 수 있는데 디자인, 교육, 마케팅, 영업 등 총 16개 분야의 템플 릿을 제공하고 있습니다. 내가 만든 템플릿을 갤러리에서 공유 할 수도 있는데, 노션 템플릿 갤러리 사이트에 접속해서 템플릿 을 제출하면 됩니다. 템플릿을 제출하면 전세계 노션 사용자들 이 내가 만든 템플릿을 이용할 수 있기 때문에 한 번쯤은 내가 만든 템플릿을 공유해 보는 것도 좋아요. 노션 템플릿 갤러리가 있는 노션 공식 사이트에서 템플릿 외에도 노션 사용법에 대해 자세히 안내하고 있으니 이를 확인해 보는 것도 추천합니다.

♠ 탬플릿 갤러리

[노션 심화 학습: 노션 공식 한국 사용자 모임]

페이스북으로 참여할 수 있는 '노션 공식 한국 사용자 모임' 그룹은 누구나 가입할 수 있는 오픈 커뮤니티입니다. 노션 활용 사례나 활용 TIP, 노션에 대한 각종 질문 등을 올려서 다른 사용자와 소통할 수 있습니다. 노션을 보다 심층적으로 사용하는 분들이 질문을 많이 올리는 편이기 때문에 이용하며 생기는 궁금증을 여기서 해결하면 좋아요. 기본적인 사용법보다는 심화 활용법에 대한 문의가 많다는 점을 참고하면 좋을 것 같아요. 주간 플래너 및 업무 일지 등 업무 생산성을 높이기 위한 템플릿을 제공하고 있기 때문에 방문해 보길 추천해요.

Notion Korea 페이지의 그룹

Notion.so 노션 공식 한국 사용자 모임   + 초대하기

추천   도움 주고 받기   사람   미디어   파일   힐스

⬆ 노션 공식 한국 사용자 모임

지라(Jira)

비개발 직군에는 다소 생소하게 느껴질 수 있는 지라는 프로젝트 관리형 협업 툴로 애자일 방법론(Agile Methodology)에 특화된 툴입니다. 애자일 방법론이란 소프트웨어의 개발 방법론 중 하나로 팀원 간 원활한 소통을 통해 제품 및 서비스를 개발하는 방법론이라고 할 수 있어요. 개발 직무가 아니더라도 애자일 방법론을 도입한 대부분의 IT 기업에서는 지라를 사용하기 때문에 IT 회사에서 근무하는 기획, 마케팅, 디자인 직무 또한 지라에 대해 이해하고 있어야 합니다. 그런데 사실 지라는 노션이나 구글 워크 스페이스처럼 사용법이 아주 직관적이지는 않고, 또 개발 분야에 특화된 툴이기 때문에 비개발 직군에는 비교적 진입 장벽이 높은 툴입니다. 하지만 지라에 익숙해지면 팀의 업무를 따라가기에 매우 편리하고 빠른 업무 소통이 가능하기 때문에 IT 회사에서 일하게 될 신입사원이라면 미리 지라 사용법에 대해 알아 두는 것을 추천합니다.

[모든 업무의 시작점: 이슈(Issue)]

지라에서 '이슈'는 하나의 업무로 이해하면 쉽습니다. 보통 협업을 위해 업무 요청을 할 때, 혹은 본인이 하고 있는 업무를 팀

단위에서 관리하기 위해서 이슈를 등록하고 업무를 시작하는 경우가 많습니다. 이 이슈는 업무의 종류에 따라 더 큰 업무 단위인 에픽(Epic)으로 묶을 수 있습니다. 이슈는 작업(Task), 스토리(Story), 버그(Bug) 등으로 나누어져 등록됩니다. 예를 들어 큰 규모의 작업인 에픽이 '생과일주스 가게를 운영한다.'라고 가정합니다. 이때, 작업은 에픽을 실현하기 위해 해야 할 작업을 말합니다. 그렇다면 '생과일주스를 만든다.'가 있습니다. 스토리는 에픽에 대해 사용자 관점에서 요구하는 것을 말합니다. '생과일주스를 좋아하므로, 손쉽게 마시고 싶다.'가 있습니다. 버그는 실현하기 위해 해결해야 할 문제를 말합니다. 이때는 '생과일주스의 맛이 떫다.'가 있습니다. 즉, 에픽이라는 하나의 큰 업무를 해결하기 위한 하위 업무들이 이슈라고 생각하면 편합니다.

이슈를 작성할 때 필수적으로 등록하는 내용은 요약, 담당자, 우선 순위 등이 있는데 요약은 말 그대로 업무 내용을 요약한 것입니다. 이슈를 빠르게 확인하기 위해서는 요약해서 등록하는 것이 좋습니다. 담당자는 말 그대로 업무를 담당할 사람을 말하며 우선 순위 또한 해당 업무의 우선 순위를 표시하는 것입니다. 업무 우선 순위는 팀마다 다른 기준으로 사용하고 있기 때문에 만약 팀에서 지라를 사용한다면 상사에게 어떤 기준으로 우선 순위를 정하는지, 본인의 업무는 어떤 우선 순위로 등록하면 되는지 물어보는 것이 좋습니다. 회사마다 다르겠지만 보통 실무에서는 '이슈'보다는 '카드'라는 표현을 많이 씁니다. 예를 들어, 협업을 요청한 팀원에게 '카드 등록 부탁드려요.' 혹은 '카드 등록됐나요?'라는 식으로 사용한다고 보면 됩니다.

↑ '이슈' 작성 화면

〔 팀의 모든 업무를 한 눈에 확인하는 : 프로젝트(Project) 〕

프로젝트는 팀의 모든 이슈(업무)가 등록된 하나의 시각화 도구입니다. 보통 지라에서 기본적으로 제공하는 템플릿을 사용하는데, 칸반 보드나 스크럼(Scrum) 등의 형태로 사용하죠. 프로젝트에서는 팀의 전체적인 업무를 한눈에 파악할 수 있습니다. 업무의 진행 상황과 우선 순위도 파악하기 용이해 굉장히 편리합니다. 이슈를 등록하면 카드 형태로 프로젝트에 등록되고 나에게 할당된 업무와 내용을 프로젝트를 통해 확인할 수 있습니다. 그리고 업무의 진행 상황에 따라 간편하게 드래그와 드롭으로 카드를 이동시킬 수 있고 내용 수정도 가능하기 때문에 여러모로 편리합니다. 지라를 사용하는 팀에 합류한 신입사원이라면 지라에서 팀 프로젝트를 확인할 때 팀의 현재 목표와 전체적인 업무 이해도를 높일 수 있으니 살펴볼 것을 추천합니다.

↑ '프로젝트' 작성 화면

협업 툴을 공부할 필요는 없어요

회사마다 사용하는 협업 툴이나 내부 업무 시스템은 천차만별이에요. 대개 툴 사용법은 어렵지 않기 때문에 입사 전에 '협업 툴을 공부해야지.' 하고 마음먹을 필요는 없어요. 다만, 입사 후 처음 보는 협업 툴에 당황했다면 집에서 무료 계정을 가볍게 사용해 보면서 알아 가는 것도 좋습니다. 일부 회사의 경우 채용 공고에 어떤 툴을 사용하여 업무를 진행하고 있는지 알 수 있기 때문에, 미리 확인하는 것도 좋은 방법입니다. 입사 전에 툴을 먼저 사용해 볼 필요가 없다고 생각한다면 입사 후 첫 일주일 동안 자투리 시간을 활용해서 상사가 어떻게 툴을 이용하고 활용하는지 관찰하며 배우는 것도 방법입니다. 그리고 대부분의 협업 툴은 PC뿐만 아니라 휴대폰으로도 사용할 수 있어서, 앱을 설치해서 사용해 보는 것도 괜찮습니다. 협업 툴은 회사에 다니면서 익혀도 충분하기 때문에 큰 부담은 가질 필요 없습니다.

아니요, 안 됩니다. 그러나 예외인 경우도 있습니다. 해당 업무 자료를 "대외적으로 공유 가능하다."라는 회사 내의 합의가 있다면 괜찮지만, 기본적으로 대외비(외부에 지키도록 한 비밀)이기 때문에 공개적인 인터넷 커뮤니티나 SNS에 업로드하면 안 됩니다.

입사 후 근로계약서를 쓸 때 보안 유지 서약서를 작성하게 되는데, 그 내용 또한 회사의 보안 유지 의무를 지켜야 한다는 내용입니다. 만약 공익이나 회사 홍보를 위해서 인터넷에 업무 자료를 공개하고 싶다면 상사 및 해당 업무 관계자에게 먼저 문의한 이후에 진행하면 됩니다. 특히 대기업의 경우 보안에 대해 매우 엄격한데, 본인이 대기업 신입사원이라면 회사 자료 공유 및 업로드에 대한 보안을 회사에서 얼마나 민감하게 여기고 있을지 잘 알고 있을 거라고 생각합니다. 또, 작은 회사에 다니더라도 회사는 사원이 업무 자료를 다운로드받은 일시나 경로, 기기 등에 대해 확인할 수 있고, 추후 법적인 문제가 생길 여지가 있기 때문에 업무 자료를 인터넷에 공개적으로 업로드하거나 타인에게 공유하지 않는 것이 좋습니다.

① '협업 툴' 사용 시 알면 좋은 정보

구글 워크스페이스
지메일
구글 스프레드시트
노션
노션 템플릿 갤러리
노션 공식 한국 사용자 모임
지라
이슈
프로젝트

② 회사에서 사용하는 업무 툴에 대한 부담감이 있다면, 시간이 날 때마다 혹은 퇴근 후에 업무 툴을 사용해 보면서 익히면 좋아요. 하지만 엑셀처럼 업무에 필수적인 툴이 아니라면 부담을 갖고 공부할 필요는 없습니다.

✦ 5 ✦

근로계약서에 서명할 때
알아 두면 좋은 점

입사 당일 혹은 입사 후 일주일 내에 인사 담당자에게 근로계약서에 대한 내용을 안내받고 서명하게 됩니다. 아르바이트할 때 서명하는 근로계약서와 다르게 회사에서 받게 되는 서류는 계약서 이외에 보안 유지 서약서 등 다양합니다. 근로계약서를 정독했다 하더라도 신입사원은 어떤 점이 잘못되었는지 파악하기 어려운 경우가 많죠. 또한 근로계약서 작성 시 회사에서 진행하는 절차 중 잘못된 점이 있어도 권리를 주장하지 못하는 경우가 태반입니다. 이번 장에서는 표준근로계약서 예시와 신입사원이 궁금할 만한 점을 Q&A 형식으로 정리해 봤습니다. 표준근로계약서의 예시는 본인이 회사에서 받은 근로계약서의 내용과 비교해 보거나 회사 입사 전에 참고하는 형식으로 활용하면 좋을 것 같아요.

표준근로계약서 예시

이 책에서 보여 주는 표준근로계약서는 고용노동부에서 제공하는 계약서입니다. 계약직을 제외한 정규직 사원이 작성하게 되는 계약서라고 생각하면 좋습니다. 표준근로계약서에 있는 내용이 본인이 받은 근로계약서의 내용에 포함되지 않은 게 있다면, 인사 담당자에게 문의하는 것이 좋은 방법입니다. 이때 인사 담당자의 착오나 실수 때문에 해당 내용이 포함되지 않은 것일 수 있기 때문에 너무 공격적으로 대응하거나 크게 흥분해서 대처할 필요는 없습니다. 다만, 인사 담당자의 태도가 앞의 만화처럼 별다른 설명도 안 해 준다면 이의를 제기할 수 있는 부분입니다.

만약 근로계약서에서 어떤 조항이 노동법에 미달하는 내용이지만 잘 모르고 이미 서명했더라도 법에 미달하는 조항의 내용은 무효가 되고 근로기준법이 정한 기준이 적용되니 크게 걱정할 필요는 없어요. 다만 근로계약서 자체가 무효가 되지는 않으니 이 점은 알아 두면 좋을 것 같습니다. 또한, 본인이 계약직 근로자라면 고용노동부 홈페이지에서 '기간의 정함이 있는 경우'의 표준근로계약서를 다운로드받아 확인하길 바랍니다. 표

준근로계약서는 업종이나 계약 형태, 근로자의 연령 등에 따라
여러 종류로 나누어지기 때문에 본인의 상황에 맞는 근로계약
서의 내용으로 확인하는 것이 좋습니다.

표준근로계약서(기간의 정함이 없는 경우)

_____(이하 "사업주"라 함)과(와) _____(이하 "근로자"라 함)은 다음
과 같이 근로계약을 체결한다.

1. 근로개시일 :   년   월   일부터
2. 근 무 장 소 :
3. 업무의 내용 :
4. 소정근로시간 : ___시___분부터 ___시___분까지 (휴게시간 : 시 분~ 시 분)
5. 근무일/휴일 : 매주 ___일(또는 매일단위)근무, 주휴일 매주 ___요일
6. 임 금
   - 월(일, 시간)급 : _____원
   - 상여금 : 있음 (   ) _____원, 없음 (   )
   - 기타급여(제수당 등) : 있음 (   ), 없음 (   )
     ·_____원, _____원
     ·_____원, _____원
   - 임금지급일 : 매월(매주 또는 매일)   ____일(휴일의 경우는 전일 지급)
   - 지급방법 : 근로자에게 직접지급(   ), 근로자 명의 예금통장에 입금(   )
7. 연차유급휴가
   - 연차유급휴가는 근로기준법에서 정하는 바에 따라 부여함
8. 사회보험 적용여부(해당란에 체크)
   ☐ 고용보험 ☐ 산재보험 ☐ 국민연금 ☐ 건강보험
9. 근로계약서 교부
   - 사업주는 근로계약을 체결함과 동시에 본 계약서를 사본하여 근로자의 교부
     요구와 관계없이 근로자에게 교부함(근로기준법 제17조 이행)
10. 근로계약, 취업규칙 등의 성실한 이행의무
    - 사업주와 근로자는 각자가 근로계약, 취업규칙, 단체협약을 지키고 성실하게
      이행하여야 함
11. 기 타
    - 이 계약에 정함이 없는 사항은 근로기준법령에 의함

                              년   월   일

(사업주) 사업체명 :   (전화 :   )
         주   소 :
         대 표 자 :   (서명)
(근로자) 주   소 :
         연 락 처 :
         성   명 :   (서명)

♠ 표준근로계약서 (기간의 정함이 없는 경우)

돌다리도 두드려 본다는 마음으로

근로계약서에 사인하기 전, 인사팀은 계약 내용에 대해서 상세하게 안내해 줍니다. 그런데 근로계약서에 대한 안내 없이 다짜고짜 사인을 받고자 하거나, 질문도 받지 않는다? 혹은 질문을 받은 후 애매모호한 답변을 한다? 그러면 그 회사에서 도망칠 필요까지는 없지만 회사에 대한 신뢰를 일단 내려놓고 받은 근로계약서에 대해 불법적인 내용은 없을지 노무사를 통해 확인해 볼 것을 추천합니다. '그냥 믿고 가면 안 되나?'라고 할 수 있지만, 추후에 나의 권리를 침해하는 내용이 있을 수 있기 때문에 찜찜하거나 불안하다면 문제가 없는지 확인하는 것이 좋다고 생각합니다. 또, 표준근로계약서에도 써 있지만 회사에서는 반드시 근로계약서 1부를 근로자에게 교부할 의무가 있습니다. 회사에서 근로계약서를 근로자에게 주지 않았다면 내가 충분히 문제를 제기할 수 있다는 것을 참고로 알아 두면 좋을 것 같습니다.

포괄임금제란 근로 시간을 측정하기가 어려운 경우 각종 수당과 기본금을 합해서 직원에게 임금을 지급하는 방식입니다. 즉, 근로자가 야근이나 휴일 근무를 할 경우 각각의 경우에 대한 수당을 개별적으로 지급하는 게 아니라 일정액을 수당으로 정해서 매달 지급하는 방식인 거죠. 포괄임금제는 근로자가 연차나 휴가 사용 등 재량을 가지고 근로 시간을 결정할 수 있어서 근로 시간 측정이 불가능한 경우도 포함됩니다.

고용노동부에서는 교육 혹은 수습 기간에도 최저 임금은 동일하게 적용되고, 감액할 수 없다고 안내하고 있습니다. 하지만 1년 이상의 계약을 체결하게 된 경우 수습 기간 최대 3개월 동안 최저 임금을 최대 10% 감액할 수 있습니다.

근로계약서에서 흔히 볼 수 있는 조항으로 '겸직 금지' 조항이 있는데요. 회사에서 겸직을 금지했는데도 겸직을 한 경우 징계 대상이 될 수 있고 이에 대해 회사와 다투게 될 수 있기 때문에 조심할 필요가 있습니다. 겸직한 근로자에게 회사에서 손해배상 청구를 할 수도 있으므로, 겸직과 관련해서는 유의하는 게 좋습니다.

노동청에 문의하자니 부담스럽고 시간이 없다면 노무사와 비대면으로 상담을 진행하면 좋습니다. 소개하는 두 개의 서비스는 제가 회사를 다닐 때 노무 문제를 겪으며, 직접 사용해 본 서비스입니다.

① 네이버 엑스퍼트

네이버 엑스퍼트는 법률, 세무, 노무 등 다양한 전문가와 상담을 진행할 수 있는 서비스입니다. 검증된 자격증을 갖고 있는 전문가와 직접 상담하기 때문에 믿고 진행할 수 있는 서비스로, 빠르게 상담을 해볼 수 있는 것이 장점이에요. 또, 가격이 대부분 10,000원~20,000원 선이어서 비교적 부담 없이 상담할 수 있는 것이 특징입니다. 만약 노동청에 가거나 노무법인에 찾아가는 것이 부담스럽다면 네이버 엑스퍼트를 통해서 상담하는 것을 추천해요.

② 로톡

로톡은 검증된 다양한 분야의 변호사와 상담할 수 있는 서비스입니다. 상담 글을 남겨서 변호사의 답변을 받아 보거나 나와 비슷한 처지에 놓인 다른 사람의 상담 글을 보면서 전문적인 답변을 얻을 수 있어요. 전화 상담과 영상 상담, 그리고 방문 상담도 가능한데 이 중 15분 정도 상담받을 수 있는 전화 상담이 가장 저렴합니다. 원하는 분야의 변호사에게 내가 편한 시간에 예약해서 상담을 진행할 수 있고, 노무사 자격증을 함께 보유한 변호사가 상담을 진행하기 때문에 궁금한 점을 빠르고 정확하게 해결할 수 있다는 것이 장점입니다. 보통 전화 상담은 20,000원~40,000원 사이로 첫 상담 시 할인 쿠폰을 주는 등 이벤트를 자주 진행하기 때문에 사용할 수 있는 쿠폰이 있는지 확인하고 상담을 진행하면 좋습니다.

3부

본격적인 업무를
위한 가이드

1

회사 내
커뮤니케이션 가이드

A 님, 오전에 요청했던 업무는 어떻게 진행되고 있어요? 어려운 건 없어요?

앗, 뭐라고 얘기하지? 내가 한 노력을 어필할까?

(업무 과정을 A부터 Z까지 장황하게 이야기하는 중)

의욕가득

진행 상황이랑 결론만 얘기해 줬으면….

푸슉!

회사든 학교든 어떤 조직에나 '옳다.'고 느끼는 관습이 있습니다. 예를 들어 '회사에서 상사에게 업무 보고를 할 때는 두괄식으로 하는 것이 좋다.' 등이 있죠. 하지만 머리로 아는 것과는 다르게 실전에서 활용하기란 어렵습니다. 이외에도 신입사원에게 어려운 관습이 회사에는 아주 많습니다. 그러다 보니 종종 본인도 모르는 사이에 실수할 때가 있죠. 어떤 상사는 "이런 것도 알려 줘야 해?"라고 주장할 수도 있겠지만, 신입사원 입장에서는 충분히 억울할 수 있는 부분이라고 생각해요. 드라마 <미생>에서 인턴인 장그래가 "모르니까 가르쳐 주실 수 있는 거잖아요." 라고 상사인 오 과장에게 억울함을 호소했던 것처럼요. 이번 장에서는 동료와 업무적인 소통을 할 때 알아 두면 좋은 것들을 정리했습니다.

본론부터 구체적으로 말하는 습관을 들여요

앞서 말했던 예시처럼, 회사에서 업무적인 소통을 할 때에는 두 괄식으로 이야기하는 것이 좋습니다. 두괄식 소통이란 말할 때 중요한 요점이나 결론을 먼저 말하는 것입니다. 그리고 두괄식 소통을 할 때 중요한 것은, 상대방이 이해하기 쉽도록 구체적인 내용과 함께 전달하는 것입니다. 신입사원의 입장에서는 두 괄식 소통의 중요성을 공감하기 어려울 수 있기 때문에 예시를 가져와 봤어요. 모든 상사가 예시와 같진 않겠지만, 이를 읽어 보며 "이럴 수 있겠구나." 하고 이해해 보면 좋습니다.

[예시 1]

캣 대리: A 님 기획안 작성 어떻게 진행되고 있어요?
          어려운 건 없나요?

A: 아직 작성하고 있습니다. 제가 시장조사를
          이렇게 저렇게 했는데요, 거기서 이런 걸
          찾았습니다. 그래서 이렇게 했는데요.
          (계속 이어지는 장황한 답변)

캣 대리: (나는 간단한 진행 상황을 물어본 건데, 왜
          A부터 Z까지 얘기하는 거지?) 네? 아… 그래서
          기획안은 어떻게 진행되고 있다는 거죠?

A: 잘 진행되고 있습니다.
          마감 기한까지 끝낼 수 있을 것 같습니다.

캣 대리: (얼마나 진행됐다는 거야?
          어려움 없이 잘 진행되고 있다는 건가?)

> 캣 대리: A 님 기획안 작성 어떻게 진행되고 있어요?
> 어려운 건 없나요?
>
> A: 기획안은 현재 50% 작성 완료한 상태입니다.
> 이번주 금요일 오전까지는 전달해 드릴 수 있을
> 것 같습니다. 아직까지는 기획안을 작성하면서
> 크게 어려운 점은 없는데, 추후에 궁금한 점이
> 생기면 정리해서 여쭤보겠습니다.
>
> 캣 대리: 네, 좋아요. 부담 없이 물어보세요.

[예시 1]에서 캣 대리가 A에게 질문을 던진 이유는 업무 진행 정도와 특이 사항이 있는지 파악하기 위함입니다. 신입사원이 업무 마감 기한까지 차질 없이 업무를 진행할 수 있는지 중간에 확인하는 것이죠. A는 상사가 궁금해하는 업무 진행 정도를 구체적인 수치를 활용하여 전달했습니다. 또한 상사가 물어보지는 않았지만, 기한 내에 마감할 수 있는지 업무 현황도 보고하여 상사의 니즈를 충족시켜 주었죠. 만약 위의 모범 답안처럼 답변하기 어렵다면 상사에게 질문한 의도에 대해서 공손하게 물어보는 것도 좋습니다. "제가 잘 몰라서 여쭤보는 건데, 혹시 진행 상황을 파악하기 위한 걸까요?" 같은 질문을 할 수 있겠

죠. 다만 질문할 때, 어투에 따라서 오해하는 상사도 있을 수 있으니, 주의하면 좋을 것 같습니다.

A: 대리님 혹시 시간 있으세요?
제가 드릴 말씀이 있는데요.

캣 대리: A 님, 무슨 일이죠?

A: 제가 광고 캠페인을 세팅하다가 설정을
잘못했는데요. 왜 그렇게 설정을 했냐면
저는 캠페인 설정에서 그게 (가)라는 뜻인 줄
알고 그렇게 세팅했는데 알고 보니 (나)라는
얘기더라고요. 제가 그걸 나중에 확인하고
세팅을 바꾸니까 다시 광고가 원래의 목표대로
진행됐었거든요. 그런데 어제 다시 확인해
보니까 이런 문제가 생겼습니다. 그래서 광고
캠페인 세팅을 한 번 확인해 주실 수 있을까요?

캣 대리: 잠깐만요, 무슨 광고 캠페인 말하는 건가요?
그리고 문제가 뭐라고요?

위의 상황은 상사에게 보고할 때 신입사원이 흔히 할 수 있는 커뮤니케이션 실수입니다. 실수가 발생한 원인은 이렇습니다.

상사는 캠페인의 담당자가 아니었기에, 구체적인 진행 상황을 모르고 있습니다. 그런 와중에, 신입사원으로부터 갑작스럽게 문제 상황을 전달받습니다. 문제가 발생했을 때, 상사에게 도움을 요청할 수 있으나, 이 과정에서 빠진 몇 가지 부분으로 커뮤니케이션에 혼란을 야기합니다. 신입사원은 회사 내에서 진행되는 수많은 캠페인 중 어떤 캠페인을 논의하고 싶은지 밝히지 않았습니다. 상사의 머릿속에 '아, 그 캠페인?'이라며 생각을 정리하기도 전에, 복잡한 이야기를 장황하게 늘어놓으면서 혼란을 준 것입니다.

장황하게 답변하면 여러분의 의도와는 다르게 상사의 불편한 표정을 마주칠 확률이 높습니다. 상사가 가진 '니즈(Needs)'를 파악하는 것이 우선입니다. 상사의 니즈는 상황에 따라 달라질 수 있지만, 보통 업무적인 상황이라면 '신입사원이 빠르고 정확하게 결론부터 이야기했으면 좋겠다.'라는 니즈가 있습니다. 결론부터 파악해야 빠른 커뮤니케이션이 가능하고, 불필요한 혼선 없는 정확한 업무 처리를 할 수 있기 때문입니다. 자, 그러면 아까의 상황에서 A가 했다면 좋았을 모범 답안은 무엇인지 볼까요?

A: 대리님 지금 진행하고 있는 'OO 플랫폼의 광고
캠페인' 때문에 요청드릴 게 있는데요. 지금
말씀드려도 괜찮을까요?

캣 대리: 네.

A: 혹시 OO 플랫폼 도달 목표 광고 캠페인 세팅
관련해서 체크 부탁드려도 될까요? 광고
캠페인 진행에 이러한 문제가 생겼는데, 오늘
캠페인 세팅에서 (가)로 변경한 것 때문에
문제가 생긴 건지 인터넷에 검색해 봐도 잘
모르겠습니다.

캣 대리: 아 그래요? 그럴 때는 OO 플랫폼 광고 지원팀에
한번 문의해 봐요. 문의하는 방법 알려 줄
테니까 이후에도 해결이 안 되면 또 전달해
주세요.

[예시 2]에서 중요한 것은 문제 상황을 해결하는 것입니다. 그렇다면 상사에게 문제를 해결하기 위한 액션을 요청하는 것이 본론이겠죠. A는 구체적인 캠페인 명과 함께 문제 해결 방안을 요청했습니다. 추가로, 상황을 구체적으로 보고하고 특이사항을 전달했습니다. 그런데 업무 중 문제가 발생했다고 해서 간단

한 문제도 직접 해결해 보려고 하지 않고, 상사에게 해결을 요구한다면 안 좋은 인상을 심어 줄 수도 있습니다. 그래서 A는 문제를 해결하기 위해 본인이 어떤 액션을 했는지도 함께 전달했습니다. 모범 답안처럼 소통한다면 상사는 신입사원이 모르는 게 무엇인지, 그리고 문제 해결을 위해 어떤 노력을 했는지도 빠르게 파악할 수 있습니다. 그러면 상사는 위의 상황처럼 A에게 해결 방법을 알려 주거나, 자신이 문제를 해결한 이후 똑같은 상황이 발생한다면 어떻게 대처하면 좋을지 알려 줄 수 있습니다.

위의 상황은 주로 상사와 관련된 예시지만 구체적인 수치나 표현과 함께 결론부터 말하는 습관은 동료와 이야기할 때도 중요합니다. 회사는 빠르고 정확한 커뮤니케이션이 중요하기 때문이죠. 동료에게 업무 협조 요청을 하거나 질문할 때에도 반드시 상황에 대한 구체적인 표현이 담긴 단어와 함께 결론부터 말하는 습관을 기르면 좋습니다.

일을 하다 보면 상사와 나의 의견이 다를 때가 있습니다. 저의 경험을 공유하자면, 회사에 다닐 때 주로 대표님과 의견을 주고받았습니다. 그런데 일을 진행하다 보면 모두의 생각이 완벽하게 같을 순 없다 보니, 종종 논쟁을 벌이기도 했습니다. 업무적인 논쟁을 벌이게 됐을 때 저의 의견을 관철하는 것이 담당자로서의 책임이라고 생각했습니다. 그러나 부정적인 언어를 자주 주고받으면 결말은 좋지 않더라고요. 반대하는 의견은 반감을 사기 쉬운 언어여서 더욱 조심히 전달해야 한다는 것을 배웠습니다.

그때 '어떻게 하면 상사를 잘 설득하고 긍정적인 결과를 불러올 수 있을까?' 하며 고민했는데, 해결 방법은 아주 단순했습니다. 일단은 상사의 의견을 인정하고 긍정하는 게 좋습니다. 예를 들어서 상사의 어떤 의견에 반대한다면 "네, 그렇게 말씀하시는 점은 충분히 이해가 가요. 이러한 점에서 걱정하시는 것도 압니다. 다만 제 개인적인 의견으로는…." 이런 식으로 의견을 말하는 겁니다. 긍정하는 답변을 통해서 상사의 의견을 존중하고 경청하는 태도를 보여 줄 수 있습니다. 여러분이 저처럼 어떤 직무의 담당자라면 반대하는 의견도 내야 할 때가 있을 것 같아요. 그럴 때 이 방법을 참고하면 좋을 것 같습니다.

업무를 하다 보면 상사가 아니더라도 같은 팀 동료나 다른 부서의 동료와 논쟁하는 경우가 생깁니다. 회사의 분위기에 따라서 신입사원 때는 논쟁하는 경우가 많지 않을 수 있는데, 규모가 비교적 작은 회사라면 신입사원도 업무적인 논쟁을 하는 경우가 있습니다. 사람마다 다르겠지만 저는 논쟁이 생겼을 때 두려움을 많이 느꼈어요. 평소 갈등에 익숙하지 않은 성격이기도 하고 나와 의견이 다른 동료가 부정적인 태도로 나의 의견을 피드백하면 '공격한다.'고 느꼈거든요. 하지만 회사에서 업무 관련 논쟁은 피할 수 없습니다.

저는 논쟁에 대한 두려움을 낮추는 방법을 고민했습니다. 고민 끝에 내린 결론은 '논쟁은 더 나은 결과를 위한 과정'이라는 것을 받아들이는 것이었어요. 이렇게 생각하면 나와 의견이 다른 동료가 다소 공격적인 태도로 자신의 의견을 주장해도, '저 사람은 더 나은 결과를 만들기 위해서 저렇게 말하는 거야.'라고 생각하게 되고, 그러면 논쟁에 대한 포용력이 생기더라고요.

물론 지금도 다른 사람과 논쟁하는 건 저에게 어려운 일입니다. 그럼에도 생각을 전환하면서 다른 사람의 의견을 전보다 수용할 수 있게 됐고 논쟁에 대한 두려움도 조금은 이겨 낼 수 있었습니다. 만약 여러분도 업무적인 논쟁으로 힘들다면, 생각의 전환을 통해서 논쟁의 불편함을 이겨 내 보세요. 물론, 상대방이 업무와 관련 없는 일로 감정적인 공격을 하거나, 선을 넘는 태도를 보인다면 거기에 대해서는 단호히 대처하는 게 맞습니다.

① 구체적인 표현과 함께 두괄식으로 말하는 습관을 들입시다. 정확한 의사 소통은 직장 내 커뮤니케이션의 핵심입니다.

② 상사의 질문 의도를 모르겠다면, 먼저 공손하게 여쭤보는 것도 좋습니다.

③ 업무에 문제가 생겨서 도움이 필요할 때는 상대방에게 내가 문제를 해결하기 위해 했던 노력도 전달하면 문제를 더욱 빠르게 해결할 수 있습니다.

④ 두괄식으로 소통하는 습관을 들이는 게 어렵다면 소통 전에 어떤 말을 할 것인지 글로 작성해 보는 것도 좋습니다.

2
비즈니스
메일 작성법

메일 발송은 회사 업무에서 빼놓을 수 없는 기초적인 업무입니다. 회사에 갓 입사한 신입에게 이만큼 어렵고 부담스러운 업무는 없을 거예요. 메일은 회사 밖에서 개인적으로 자주 사용하는 툴도 아닐뿐더러 비즈니스를 위한 메일을 작성해 본 경험이 거의 없기 때문이죠. 이번 장에서는 외부 업무 관계자들과 메일로 소통할 때 어떻게 작성하면 되는지, '비즈니스 메일 작성'의 기초를 알려 드리겠습니다. 여러분의 이해를 돕기 위해 이번에는 A가 작성한 초안을 보여 드릴게요. 메일 내용을 하나씩 뜯어보면서 어떤 점이 문제인지 차근차근 파악해 봅시다.

수신자와 수신자의 니즈부터 파악해요

비즈니스 메일을 쓸 때 먼저 확인해야 할 것은 내가 쓴 메일을 받게 될 수신자와 수신자의 니즈를 파악하는 것입니다. 보통 이 두 가지는 수신자가 현재 논의하고자 하는 내용 관련하여 가장 최근에 보낸 메일 내용이나 회의 및 업무 관계자의 요청에서 충분히 파악할 수 있습니다.

〔A가 광고주를 대상으로 작성한 메일〕

받는 사람: worker@enterprise.com
제목: 안녕하세요? 저는 OOO 기업 신입 A입니다 :)

메일 내용:
안녕하세요?
저는 OOO 기업 마케팅팀에 갓 입사한 신입 A입니다.

OOO 기업은 저도 다니고 싶었던 회사 중 하나인데,
이렇게 인사를 드리게 됐네요.
요청한 데이터를 전달해 드리니 파일 확인 부탁드립니다.

수고하세요!

앞의 메일은 여러분의 이해를 돕기 위해 가져온 A의 메일 전문입니다. 그리고 위의 만화에서 캣 대리가 한 말과 메일 내용을 토대로 수신자와 수신자의 니즈를 함께 파악해 보면 다음과 같습니다.

[수신자의 니즈 파악]

상사가 한 말	광고주에게 우리 서비스에서 진행한 배너 광고 결과 데이터 공유
수신자	광고주
수신자의 니즈	광고 결과 데이터
메일에 꼭 들어가야 하는 내용	광고 결과를 정리한 파일과 결과에 대한 간략한 요약

상사의 말을 통해 우리가 수신자에게 전달할 내용은 '광고 결과 데이터'라는 것을 파악했습니다. 그렇다면 광고 결과 데이터 파일을 전달하는 건 당연한데, 요약은 왜 필요할까요?

요약은 메일을 받을 수신자가 조금 더 편리하게 내용을 파악할 수 있게끔 상대방을 배려해 주는 겁니다. 동시에 메일을 보낸 내가 추후 메일을 봤을 때 굳이 파일을 열어 보지 않아도 내용을 확인할 수 있어요. 또, 메일에서 참조로 포함됐을 상사도 요약된 내용을 읽고 내가 실수 없이 데이터를 전달했는지 파악하기가 더 용이할 거예요.

그러니까 발신자와 수신자, 그리고 업무 관계자의 시간을 아껴주기 위해 요약한 내용을 메일에 포함하는 것이 좋은 거죠. 또, 우리가 주목해야 할 것은 수신자가 바로 '광고주'라는 것입니다. 광고주라면 우리 서비스를 이용해 준 고객이니, 조금 더 친절하고 상냥한 메일을 보내는 것이 좋겠죠. 이렇게 수신자가 누구인지, 그리고 니즈가 무엇인지 파악하고 나면 메일의 전체적인 톤앤매너와 반드시 포함할 내용 등을 추려 볼 수 있습니다. 나아가 이렇게 수신자와 소통하면 서로 간 신뢰감도 형성할 수 있습니다.

광고를 진행하든, 타 기업과 협업을 진행하든 간에 회사 대 회사로 소통할 때는 무엇보다 신뢰가 중요합니다. 그리고 이 신뢰는 보통 메일을 통해서 형성되는 경우가 많습니다. 왜냐하면 다른 회사의 담당자끼리 협업을 위해 소통할 때, 대부분 메일로 소통을 시작하기 때문입니다. 서로 대면해 본 적도 없고, 이사람이 어떤 사람인지 알지 못 하는 상태에서 하는 소통이기에 메일을 통해서 협업을 진행할 만한 사람인지, 나아가 이 기업은 신뢰할 만한지, 짐작할 수 있거든요. 수신자와 수신자의 니즈를 파악하는 것이 모범적인 업무 메일 작성의 첫 걸음인 것입니다.

메일 제목은 한눈에 파악하기 쉽게 적어요

메일은 수신자와 발신자, 그리고 업무 관계자가 제목만 봐도 어떤 내용일지 쉽게 파악할 수 있도록 작성하는 것이 좋습니다. 메일 수신함에서 메일을 찾을 때 간편하기 때문입니다. 업무를 하다 보면 메일함에는 하루에도 수십 건씩 다양한 내용의 메일이 쌓입니다. 그러다 보니 내가 찾고 싶은 메일이 있을 때는 일일이 목록을 들여다보며 찾기보다 검색하는 경우가 많습니다. 이때 메일 제목이 A가 쓴 것처럼 "안녕하세요? 저는 OOO 기업 신입 A입니다 :)"라면 한 번에 찾기 어렵겠죠. 메일 제목을 수신자가 요청한 내용과 상관없는 내용으로 작성하거나 긴 줄글이라면 내가 보낸 메일을 확인하지 않고 넘어가거나 스팸 메일이라고 생각해서 읽어 보지 않는 경우가 발생할 수 있습니다. 이런 상황을 방지하기 위해 메일 제목은 한눈에 파악하기 쉽도록 짧게 요약한 내용으로 작성하는 게 좋아요. 추가적인 설명을 위해 A가 작성한 메일 제목을 한번 바꿔 보겠습니다.

안녕하세요? 저는 OOO 기업 신입 A입니다 :)

↓

[A의 회사명] 광고 데이터 전달 건

수정한 메일 제목처럼 통상적으로 비즈니스 메일의 앞머리에는 어떤 회사에서 메일을 보냈는지 한눈에 알 수 있도록 대괄호 안에 회사명을 기입하여 발송합니다. 대괄호 안에 내가 현재 다니고 있는 회사명을 기입했다면 그다음에는 수신자가 내 메일을 통해 가장 알고 싶어 하는 내용을 짧게 요약하여 작성하면 됩니다.

만약, 수신자가 요청한 내용이 없었고 내가 처음으로 수신자에게 메일을 보내는 거라면, 메일의 용건을 요약해서 적으면 되겠죠. A의 경우 '광고 데이터'가 수신자의 니즈에 가장 부합하는 내용이므로 제목을 '광고 데이터 전달 건'으로 작성하면 좋을 것 같습니다. 뒤의 '건'이라는 표현은 반드시 들어가야 하는 표현은 아니니 참고하면 좋아요.

이 외에 메일 제목을 작성할 때 어려움이 있는 분을 위해 다양한 상황에서 메일을 보낼 때 쓰기 좋은 제목 예시를 가져왔으니 필요할 때 보면서 활용하길 바랍니다.

[메일 제목 예시]

광고비 문의를 위해 담당자에게 메일을 보낼 때
[회사명] OOO 계정 광고 진행 비용 문의
다른 회사에 서비스 관련 문의할 때
[회사명] OOO 서비스 관련 문의
수신자에게 가이드를 전달할 때
[회사명] OOO 서비스 가이드 전달

중요한 내용을 메일 서두에 적어요

메일 서두에는 인사와 함께 메일에서 제일 중요한 내용을 적는
것이 좋습니다. 이 부분은 예시를 통해 설명하는 것이 좋을 것
같아 기존 메일 내용(p102 참고)을 수정해서 가져와 봤어요.

[기존 메일 서두]

안녕하세요?
저는 OOO 기업 마케팅팀에 갓 입사한 신입 A입니다.

OOO 기업은 저도 다니고 싶었던 회사 중 하나인데,
이렇게 인사를 드리게 됐네요.
요청한 데이터를 전달해 드리니 파일 확인 부탁드립니다.

안녕하세요? OOO 담당자님(또는 수신자 성함과 직급).
저는 마케팅팀 A 사원입니다. 처음 인사드려요.

1월 3일에 진행했던 OOO 서비스 배너 광고 결과
데이터를 전달해 드립니다.
자세한 내용은 첨부한 파일에서 확인하실 수 있습니다.

OOO 서비스 배너 광고 결과 데이터 요약

광고 일자	캠페인 명	노출 수	도달 수	클릭률

메일의 서두에는 통상적으로 인사와 함께 수신자의 성함과 직급을 적습니다. 그리고 메일을 보내는 나에 대한 짧은 소개를 덧붙이는데, 경우에 따라 별도로 내가 누구인지 소개하지 않기도 합니다. 하지만 보통은 이름과 직급은 밝히는 편이니, 위의 예시처럼 나에 대해 밝히는 것이 좋아요. 그리고 '처음 인사드려요.'라는 말은 반드시 포함할 필요는 없지만 포함해도 큰 문제는 없습니다. 수신자가 특별히 보수적인 회사가 아닌 이상, 친절한 인사말에 거부감을 느끼진 않을 거예요.

또한, 비즈니스라고 해서 딱딱한 기계처럼 메일을 작성할 필요는 없습니다. 메일도 결국 사람 간의 소통이기 때문에, 조금은 인간미가 느껴지는 문장을 함께 포함하는 것이 수신자에게 나에 대한 업무적인 호감을 불러일으킬 때도 있습니다. 수신자에게 반드시 호감을 줘야 하는 것은 아니지만, 친절한 메일을 통해 관계를 잘 쌓아 두면 다음에 다른 업무를 진행할 때 도움이 될 수도 있다는 걸 기억해 두면 좋을 것 같아요.

업무와 관련된 내용을 메일에 작성할 때는 애매모호한 표현을 쓰기보다는 정확한 표현으로 작성하는 것이 좋습니다. 예를 들어 '요청하신 광고 결과 데이터를 전달해 드립니다.'라고 적기보다는 언제 진행한 광고인지, 어떤 광고인지를 함께 적어 '1월 3일에 진행했던 OOO 서비스 배너 광고 결과 데이터를 전달해 드립니다.'라고 적는 것입니다. 이렇게 작성하면 좋은 이유는, 정확한 업무 소통과 함께 추후 메일을 확인했을 때 어떤 업무였는지 빠르게 확인할 수 있기 때문입니다. 동시에 수신자 외에도 메일을 볼 다른 업무 관계자들이 어떤 업무인지 한눈에 확인할 수 있어야 추후 이슈가 생겼을 때나 업무를 동료에게 인계할 때 추가 설명 없이 빠르게 진행할 수 있겠죠.

메일 맺음말은 대부분 이렇게 작성해요

A가 처음 작성한 메일에는 맺음말로 '수고하세요!'가 들어가 있습니다. 그런데 '수고하세요.'라는 표현은 통상 윗사람이 아랫사람에게 쓰는 표현이기 때문에 가급적 쓰지 않는 것이 좋아요. 특히 A의 경우 광고주에게 보내는 메일이기 때문에 표현에 더욱 주의할 필요가 있습니다. 수신자가 광고주가 아니더라도, '수고하세요.' 같은 표현은 나의 좋은 의도와는 다르게 불쾌함을 불러일으킬 수 있으므로 피하는 것을 추천합니다. 그럼 대체할 수 있는 메일 맺음말에는 어떤 게 있을까요?

기존 맺음말

수고하세요!

⬇

수정한 맺음말

궁금한 점이나 추가로 요청할 내용이 있으시다면
편하게 연락해 주세요.
그럼 좋은 하루 보내세요.
감사합니다.

메일 맺음말에는 보통 내가 보낸 메일 내용과 관련하여 궁금한 점이 있다면 회신을 부탁한다는 문구를 많이 넣습니다. 그래야 수신자도 메일을 읽고 궁금한 점이 생겼을 때 부담 없이 메일을 회신해 줄 수 있고, 이를 통해 더욱 원활한 업무 진행이 가능하기 때문입니다. 그리고 수정한 맺음말에서 함께 적은 '좋은 하루 보내세요.' 같은 문구는 생략 가능한 문구입니다. 하지만 수신자에게 나에 대한 긍정적인 이미지를 주고 싶다면 추가하는 것이 좋다고 생각해요. '좋은 하루 보내세요.' 같은 문구 이외에 다른 문구를 사용하고 싶다면 활용하기 좋은 맺음말을 정리해 봤으니, 업무할 때 참고하면 좋을 것 같습니다.

[메일 맺음말]

시간에 따라서
(점심시간) 점심 식사 맛있게 하세요.
(퇴근 시간) 좋은 저녁 시간 보내시길 바랍니다.
요일에 따라서
(금요일) 좋은 주말 보내시길 바랍니다.
(월요일) 힘찬 한 주의 시작이 되길 바랍니다.
특별한 일정에 따라서
(새해) 새해 복 많이 받으세요.
(연말) 한 해를 잘 마무리하셨으면 좋겠습니다.
날씨에 따라서
(맑음) 오늘 날이 무척 따뜻하네요. 날씨만큼 따스한 하루를 보내시길 바랍니다.
(추움) 오늘 날이 무척 춥네요. 날씨는 춥지만 마음만은 따뜻한 하루를 보내시길 바랍니다.

그리고 메일 마지막에 들어가는 '감사합니다. A 드림'과 같은 문구는 거의 모든 업무 메일에 들어가는 맺음말이라고 생각하면 됩니다. 수신자의 직책, 상황과 상관없이 기본적으로 포함하는 메일 템플릿이라고 생각하면 편할 것 같아요.

받는 사람: worker@enterprise.com

제목: [A의 회사명] 광고 데이터 전달 건

메일 내용:

안녕하세요? OOO 담당자님(또는 수신자 성함과 직급).

저는 마케팅팀 A 사원입니다. 처음 인사드려요.

1월 3일에 진행했던 OOO 서비스 배너 광고 결과

데이터를 전달해 드립니다.

자세한 내용은 첨부한 파일에서 확인하실 수 있습니다.

OOO 서비스 배너 광고 결과 데이터 요약

광고 일자	캠페인 명	노출 수	도달 수	클릭률

궁금한 점이나 추가로 요청할 내용이 있으시다면

편하게 연락해 주세요.

그럼 좋은 하루 보내세요.

감사합니다.

A 드림

메일로 소통하는 습관은 회사 외부 업무 관계자와 소통할 때 들이면 좋은 습관입니다. 간혹 메일을 주고받다 보면 내가 메일을 보낼 대상의 니즈를 파악하기 어려운 경우가 있습니다. 이럴 때는 간단한 내용이라면 상대방에게 메일로 수신자가 필요한 것이 무엇인지 정확히 물어보는 것이 좋겠지만, 텍스트로 정리해서 말하기에 복잡하다면 전화로 빠르게 문의하는 것도 좋습니다. 특히, 같은 회사 동료라면 메신저로 문의하거나 대면해서 소통하는 게 빠르겠죠. 만약 회사 외부 업무 관계자라면 비즈니스 메일에는 서명에 상대방의 소속과 직급, 연락이 가능한 유선 번호가 적혀 있기 때문에 서명에 적혀 있는 번호로 전화해도 괜찮습니다. 유선 번호가 없다면, 통화 가능한 번호를 묻는 이유를 밝히며 알려줄 수 있는지 정중하게 메일로 회신해도 되고요.

그렇다고 전화로만 소통하는 습관은 들이지 않았으면 좋겠습니다. 회사가 전화가 아닌 메일로 소통하는 이유는 텍스트로 회사 간 협의된 사항을 기록으로 남겨 두기 위함도 있거든요. 전화로 협의하게 되면 협의한 내용이 기록될 수 없어 회사 양측이 투명하게 확인할 수 없고, 추후 문제가 생기면 난감한 상황이 발생할 수 있기 때문에, 웬만한 내용은 메일로 남겨 두는 것을 추천합니다. 만약 본인이 회사 외부 업무 관계자와 이미 전화로만 소통했다면 통화하며 합의한 내용을 메일로 정리하여 상대방에게 전달하고 이 내용이 맞는지 확인하는 것도 업무에 혼선을 주지 않고 기록을 남겨 둘 수 있는 좋은 방법입니다.

아마 회사에서 메일 업무를 해 봤다면, 상사가 "전체 답장으로 회신하세요."라고 지시하는 걸 들어 본 적이 있을 것 같아요. 왜 받은 메일에 회신할 때, 개인이 아닌 '전체 답장'으로 회신해야 할까요? 그 이유는 첫 번째, 전체 답장을 해야 내가 받은 메일에 포함된 업무 관계자들도 함께 답장받을 수 있기 때문입니다. 보통 업무 메일에는 업무 담당자 이외에 팀 전체 메일이나 다른 업무 관계자의 메일이 참조로 포함된 경우가 많습니다. 이때 그냥 '답장' 버튼을 눌러서 회신을 하게 되면 기존 메일에 참조로 포함되어 있던 담당자들은 내가 보낸 답장을 확인할 수 없게 됩니다. 그래서 전체 답장으로 보내야 하는 것이죠. 업무 담당자가 메일에 참조를 걸어 나에게 발신한 이유는 내부적으로 빠르게 업무 내용을 공유하기 위함입니다. 참조하지 않는다면, 업무 담당자는 일일이 업무 관계자들에게 내용을 보고해야 하지만, 참조하면 따로 보고할 필요가 없어지니까요. 또 다른 이유로는 답장을 놓치지 않기 위함도 있습니다. 업무 담당자가 휴가를 내거나 실수로 답장을 놓쳤을 경우를 대비해서 말이죠.

전체 답장으로 메일에 회신해야 하는 이유 두 번째는, 전체 답장을 통해서 이전에 주고받았던 메일을 하나의 메일을 통해 빠르게 파악할 수 있기 때문입니다. 전체 답장이 아닌 답장으로 회신하게 되면 상대방은 계속해서 새로운 메일로 내용을 확인해야 하는데 이럴 경우 담당자가 내용 파악을 위해 이전에 본인이 보냈던 메일을 일일이 찾아봐야 하는 번거로움이 생길 수 있습니다. 전체 답장으로 회신하면 이전에 주고받은 메일을 하나의 메일에서 빠르게 확인할 수 있죠. 또 메일에 참조로 포함됐거나 업무를 인계받게 된 업무 관계자는 업무 흐름을 메일 하나를 통해 파악할 수 있다는 장점이 있습니다.

① 빠르고 정확한 내용이 담긴 메일을 보내기 위해서는 가장 먼저 수신자가 누구인지, 이 사람의 니즈는 무엇인지 파악하는 것이 좋습니다.

② 메일 제목은, 내가 다니는 회사명을 대괄호 안에 기입한 후 내용을 한눈에 파악하기 쉽게 작성합니다. 예) [회사명] 광고 데이터 전달 건

③ 가장 중요한 내용은 메일 서두에 작성하고 날짜와 업무 내용을 기입할 때는 구체적인 표현으로 헷갈리지 않게 작성합니다.

예) 29일(X) -> 3월 29일(수)(O)

④ 메일 맺음말에는 궁금한 점에 대해 편하게 회신해 달라는 말과 함께 '감사합니다. OOO 드림'으로 마무리합니다.

3

같은 회사 동료에게
보낼 메일을 작성하는 법

아보카도 님! 제가 요청한 데이터 내일까지 전달해 주세요.

(불쑥)

네? A 님 잠깐만요. 협의도 없이 일정만 알려 주면 어떡해요?

매번 업무 협조 요청할 때마다 이러는데, 동료에 대한 배려심이 부족한 거 아닌가요?

네? 아, 아니 그게 아니라…. (내가 또 실수했나 봐ㅠㅠ)

비즈니스 메일 작성은 회사 외부의 업무 담당자와 소통할 때도 필요하지만, 회사 내부의 담당자에게 업무 협조 요청이나 문의 사항 전달에도 필요합니다. 물론 회사의 규모에 따라서 다를 수 있고, 스타트업의 경우 메일이 아닌 협업 툴이나 메신저로 대신 하는 경우도 있습니다. 하지만 규모가 비교적 큰 회사이거나 다양한 팀이 함께 협업하는 회사에서는 업무 협조 요청을 메일로 전달하기도 합니다. 이번 장에서는 다른 팀 동료와 업무적인 소통할 때 필요한 메일 작성법에 대해 알려 드리려고 합니다. 메일이 아니더라도 동료에게 업무 내용을 전달할 때 필요한 내용도 있으니, 참고하면 좋을 것 같습니다.

요청 메일을 쓸 때는 나의 니즈를 고려해요

앞 장에서 메일 제목은 한눈에 내용을 파악하기 쉽게 적는 것이 좋다고 말씀드렸습니다. 그렇다면 내가 메일을 회신하는 게 아니라, 내가 먼저 요청하는 메일을 작성할 때는 제목을 어떻게 하는 게 좋을까요?

이때 중요한 것은 메일을 보내는 '나 자신의 니즈'를 명료하게 파악하는 것입니다. 설명을 위해 A가 데이터팀의 데이터 분석가 아보카도에게 보낸 업무 협조 요청 메일을 예시로 보여 드리겠습니다.

받는 사람: data@enterprise.com
제목: 데이터 요청합니다

메일 내용:
안녕하세요, 데이터팀 아보카도 님. 마케팅팀 A입니다.

다름이 아니라 지난해 6월~8월 사이 가장 많이 판매된
제품 카테고리와 해당 카테고리에서 판매된 제품 TOP 3
목록, 그리고 매출 데이터 추출을 요청합니다.

데이터는 내일까지 부탁드립니다.
감사합니다.

A 드림

위의 메일과 앞의 만화에서 나온 상사의 말을 참고했을 때, A는
프로모션 기획을 위한 제품 및 고객 데이터를 데이터팀에 요청
해야 하는 상황입니다. 이를 토대로 메일을 본격적으로 수정하
기 전, 기본적인 업무 내용을 정리해 보겠습니다.

〔 나의 니즈 파악 〕

상사가 준 미션	이번 여름 프로모션에 필요한 데이터 추출을 요청
나의 미션	업무 기획에 필요한 데이터를 빠르게 전달받아서 상사에게 전달하기
나의 니즈	프로모션에 필요한 고객 및 제품 데이터
수신자	데이터팀 아보카도
메일에 꼭 들어가야 하는 내용	프로모션 기획에 필요한 데이터 추출 요청

위의 내용을 토대로 제목을 수정해 보면 다음과 같습니다.

기존 메일 제목

데이터 요청합니다

수정한 메일 제목

[마케팅팀] 여름 프로모션용 데이터 추출 요청

기존에 A가 작성한 메일 제목은 어떤 데이터를 요청하는 것인지 알 수 없었습니다. 이때 아보카도가 메일함에 접속했을 때 다른 동료에게 받은 메일과 구분하여 파악하기 쉽지 않다는 단점이 있습니다. 이대로 메일을 보낸다면 원하는 일자까지 아보카도로부터 데이터를 추출받기는 어렵겠죠. 이러한 문제를 방지하려면 수정한 메일 제목처럼 간략하지만 명료하게 작성하는 것이 좋습니다. 그리고 어느 팀에서 해당 메일을 보낸 것인지 한 번에 알 수 있도록 대괄호로 A가 소속된 팀명도 적어 주었습니다. 이렇게 작성하면 동료인 아보카도는 보다 간편하고 명확하게 A의 업무 협조 요청을 파악할 수 있습니다.

요청 목적 전달과 라벨링(Labeling)으로 명확하게

회사에서 업무를 하다 보면 커뮤니케이션 실수로 혼란스러운 상황이 종종 발생합니다. 예를 들어 내가 동료에게 요청한 것은 (개)인데 기다림 끝에 정작 동료가 전달해 준 것은 (내)인 상황입니다. 이런 상황을 방지하기 위해서는 동료에게 무언가 요청할 때 목적과 업무에 대한 간단한 설명을 함께 전달하는 것이 좋습니다. 메일은 대면 소통이 아니기 때문에 상대방이 한 번에 내용을 파악할 수 있도록, 업무에 대한 정확하고 구체적인 표현과 함께 정리해서 보내는 것이 중요합니다. 이 이야기는 A의 협조 요청 메일의 일부를 수정하면서 설명하겠습니다.

> (중략)
>
> 다름이 아니라 지난해 6월~8월 사이 가장 많이 판매된
> 제품 카테고리와 해당 카테고리에서 판매된 제품 TOP 3
> 목록, 그리고 매출 데이터 추출을 요청합니다.

기존 메일 내용은 아보카도가 읽었을 때 다소 부정확한 표현이
많습니다. 예를 들어 '6월~8월 사이'라는 표현은 6월 1일부터
8월 31일까지의 데이터를 말하는 것인지, 아니면 6월과 8월
사이인 7월의 데이터를 말하는 것인지 애매모호하죠. 요청한
매출 데이터의 경우 TOP 3 제품의 모든 매출을 합산한 데이터
를 말하는 것인지, 아니면 각 제품의 개별 매출을 말하는 것인
지 알기 어렵습니다. 이렇게 한 번에 업무 내용을 파악하기 어
려울 때, 업무를 요청받은 담당자는 정확한 내용을 파악하기 위
해 질문하는 경우도 있지만 업무가 많으면 묻지도 않고 본인이
임의로 판단해서 잘못된 내용을 전달해 주는 경우도 종종 있습
니다. 또, 담당자가 바쁘거나 비슷한 업무 요청을 많이 받은 상
황이라면 나의 요청보다 다른 동료가 명료하게 전달한 요청을
먼저 처리하는 등 우선순위가 밀릴 가능성도 있죠.

(중략)

1. 요청 내용

a) 목적:

- 2023년 여름 프로모션 기획을 위한 참고용

- 최다 판매된 카테고리의 매출액이 높은 제품을 프로모션 상품으로 기획 예정

b) 데이터 추출 기간: 2022년 6월 1일~8월 31일

c) 필요 데이터: 최다 판매된 카테고리의 제품별 매출 데이터

d) 참고:

- 매출액이 높은 제품부터 내림차순으로 3순위까지의 제품에 대한 개별 매출 데이터를 부탁드립니다.

- 데이터는 구글 스프레드시트로 전달 부탁드립니다.

앞서 말했던 상황이 발생하지 않으려면 수정한 메일 내용처럼 구체적인 표현으로 명확하게 업무 내용을 전달해야 합니다. 구체적인 표현이란 기존 메일에서 '6월~8월 사이'라는 애매모호한 내용을 구체적인 연도와 일자를 표시하는 것입니다.

위의 메일은 요청 목적 또한 명확하게 밝혔는데요. 업무 협조를 요청할 때 굳이 목적을 밝혀야 하는 이유는 뭘까요? 그 이유는, 내가 목적에 맞지 않는 잘못된 요청을 했을 때 동료가 확인하고 제대로 된 업무 내용을 전달해 줄 수도 있고, 더 나은 결과물을 제시해 줄 수도 있기 때문입니다. 다른 팀 동료에게 업무와 관련된 요청을 하는 이유는 내가 그 업무의 담당이 아니기 때문입니다. 그렇기에 업무를 담당한 동료가 해당 업무에 대한 이해가 나보다 비교적 높을 수밖에 없겠죠. 그래서 동료에게 업무 요청을 할 때 목적을 함께 전달하는 게 더 좋은 것입니다. 나보다 해당 업무에 대해 잘 알고 있을 동료가 더 나은 결과물을 제시해 줄 수 있을 테니까요.

위의 수정된 메일 내용에는 이전 메일과 눈에 띄게 다른 점이 있습니다. 바로 라벨링입니다. 요청 내용과 목적, 필요 데이터 등을 줄글로 쓰지 않고 라벨링해서 상대방이 읽었을 때 이해하기 좋게 작성했어요. 줄글로 작성했던 내용을 라벨링으로 표현하니 훨씬 눈에 잘 들어오고 명확하죠? 라벨링에는 정답이 있지 않아서 반드시 위의 내용처럼 해야 하는 건 아닙니다. 그냥 숫자로만 라벨링할 수도 있고, 문단을 나눠 주고 해당 문단에 소제목만 달아 줘도 상대방이 내용을 이해하기에 훨씬 용이합

니다. 라벨링을 하지 않는다면 중요한 내용에 볼드(Bold) 표시를
해 주거나, 컬러로 표시해 두는 방법도 있죠.

업무 기한 전달은 상대방의 상황을 고려해서

A가 쓴 메일을 보면, 요청한 업무의 기한을 말하면서 '데이터는
내일까지 부탁드립니다.'라고 작성했는데요. A의 입장에서는
내일까지 데이터가 필요하니, 이렇게 말할 수도 있겠죠. 동료의
입장에서는 대뜸 급한 업무를 부여 받으면 무례하다고 느낄 수
있습니다. 사람에 따라 그렇지 않은 사람도 분명히 있겠습니다
만, 누군가는 자신의 상황은 전혀 고려하지 않고 협의하려는 태
도 없이 그저 지시하는 투로 전달했다고 생각할 수 있기 때문
입니다. 그래서 다른 동료에게 업무 요청을 할 때는, 그 동료의
상황도 함께 고려하면서 완곡하게 전달하는 것이 좋습니다. 어
쩔 수 없이 급한 요청을 해야 하는 상황이라면 그 연유를 밝히
고 양해를 구하는 것도 좋은 방법입니다.

데이터는 내일까지 부탁드립니다.

↓

바쁘시겠지만, 데이터를 O월 O일(화)까지
전달받을 수 있을까요? 이날까지 데이터가 들어와야
O월 O일(금)까지 이벤트를 준비하고 진행하는 일정이어서요.

궁금한 점이 있거나 일정 조율 필요하시면
편하게 회신 부탁드립니다.
감사합니다.

수정한 맺음말은 구체적으로 업무 기한에 대해 전달하면서 업무 기한과 관련되어 협의가 필요하지 않을지, 체크하는 내용으로 완곡하게 작성했습니다. 이렇게 보낸다면 쓸데없는 오해 없이, 일정 협의를 진행하는 데 용이할 것입니다. 그럼 지금까지 알려 드린 내용으로 수정된 메일 내용 전체를 확인해 보겠습니다.

받는 사람: data@enterprise.com
제목: [마케팅팀] 여름 프로모션용 데이터 추출 요청

메일 내용:
안녕하세요, 데이터팀 아보카도 님. 마케팅팀 A입니다.

여름 프로모션 기획 중 데이터 추출 요청할 내용이 있어
이렇게 연락드리게 됐습니다.

1. 요청 내용
a) 목적:
– 2023년 여름 프로모션 기획을 위한 참고용
– 최다 판매된 카테고리의 매출액이 높은 제품을 프로모션
  상품으로 기획 예정
b) 데이터 추출 기간: 2022년 6월 1일~8월 31일
c) 필요 데이터: 최다 판매된 카테고리의 제품별 매출
  데이터
d) 참고:
– 매출액이 높은 제품부터 내림차순으로 3순위까지의
  제품에 대한 개별 매출 데이터를 부탁드립니다.
– 데이터는 구글 스프레드시트로 전달 부탁드립니다.

바쁘시겠지만, 데이터를 O월 O일(화)까지 전달받을 수 있을까요? 이날까지 데이터가 들어와야 O월 O일(금)까지 이벤트를 준비하고 진행하는 일정이어서요.

궁금한 점이 있거나 일정 조율 필요하시면 편하게 회신 부탁드립니다.
감사합니다.

A 드림

회사에서 많이 사용하는 업무 용어를 정리했습니다. 모든 단어를 외우려고 하기보다는 상사에게 업무 지시를 받을 때나 회의 중 못 알아듣은 단어가 있다면 찾아보는 방식으로 활용하면 좋습니다. 직무에 따라 사용하는 용어가 다르므로, 모든 용어가 정리되어 있지는 않다는 점을 참고해 주세요. 또, 직무에 따라 같은 단어가 다르게 사용되기도 한다는 점을 기억하면 좋습니다.

원활한 업무 처리를 위해 알아 두면 좋은 용어예요!

[AS-IS]

현재 상태나 문제.

예) AS-IS는 인스타 콘텐츠 도달 수의 대폭 하락입니다.

[TO-BE]

AS-IS에 대한 개선 방법.

예) TO-BE는 양질의 콘텐츠 생산입니다.

[KPI(Key Performance Indicators)]

업무의 성과 지표 혹은 정량적인 목표.

예) 이번 업무의 KPI는 콘텐츠 도달 수 20% 증가입니다.

[VOC(Voice Of Customer)]

고객센터나 신고 기능을 통해 접수된 고객들의 제품 및 서비스에 대한 피드백.

예) 아이디어 회의 전에 이번 분기 VOC부터 확인하겠습니다.

[PMF(Product Market Fit)]

회사의 제품 혹은 서비스가 시장에 적합한지 판별할 때 쓰는 용어.

예) 현재 출시된 프로토타입(Prototype)은 PMF에 부적합합니다.

[USP(Unique Selling Proposition)]

서비스 혹은 제품만의 차별점을 내세우는 전략.

예) 우리 서비스의 USP는 바로 간편함입니다.

[크로스체크(Cross-Check)]

업무에 있을 수 있는 오류를 없애기 위해 다른 업무 관계자와 함께 내용을 확인하는 것.

예) 기획안 크로스체크 좀 부탁해요.

[스킴(Scheme)]

업무상의 계획.

예) 이번 프로젝트 스킴은 제가 짤게요.

[컨센서스(Consensus)]

업무 관계자들에게 동의와 합의를 구하는 일.

예) 개발팀에 컨센서스 구했어요?

[컨펌(Confirm)]

업무하며 도출된 사안에 대해 상사에게 확인 또는
승인을 부탁할 때.

예) 대리님, 요청하신 OO 기획안을 작성해 보았는데요. 컨펌 부
탁드립니다.

[피드백(Feedback)]

컨펌을 요청한 내용 또는 업무 의견에 대한 상사의
답변.

예) A, OO 기획안의 방향을 다시 설정해야 할 것 같아요.

[리소스(Resource)]

자원, 재원을 이르는 말로 주로 인력과 시간 등이
얼마나 투입됐는지 따질 때 사용.

예) A, 요즘 업무 리소스 부족하죠?

[TFT(Task Force Team)]

정규 부서가 아닌 특정한 프로젝트를 위해 만든 프로젝트성 부서.

예) 이번 신규 사업 TF팀에 팀장으로 참여하게 됐어요.

[R&R(Role and Responsibilities)]

각 팀원이 수행해야 하는 역할과 책임.

예) 이 업무는 R&R을 분명하게 나눌 필요가 있습니다.

[사일로 현상(Silo effect)]

회사의 각 팀이 서로 협력하지 않고 무관심하거나 갈등이 있어 팀에서 발생하는 이슈를 나 몰라라 하는 현상.

예) 우리 회사는 사일로가 심해.

회의하며 자주 사용되는 용어를 정리했어요!

[킥오프 미팅(Kick-off meeting)]

프로젝트가 시작될 때 열리는 첫 번째 회의.

예) 킥오프 미팅은 다음 주 화요일에 진행됩니다.

[콘퍼런스 콜(Conference Call)]

전화나 화상으로 회의하는 것.

예) 저는 언제든지 콘콜 가능하니 말씀해 주세요.

[아젠다(Agenda)]

회의의 안건.

예) 이번 회의의 아젠다가 뭔가요?

[랩 업(Wrap Up)]

프로젝트가 끝난 후 성과와 이슈를 회고하는 절차.

예) 이번 캠페인 랩 업은 A가 진행해 주세요.

[어레인지(Arrange)]

업무 스케줄 및 프로젝트 일정을 조정할 때 쓰는 말.

예) A. 미팅 어레인지 좀 부탁해요.

[팔로우 업(Follow Up, F/U)]

업무를 진행할 때 후속 업무를 담당하는 것.

예시) A, 해당 업무 팔로우 업 부탁해요.

[픽스(Fix)]

어떤 사안에 대해 결정할 때 사용하는 표현.

예) 이번 프로젝트는 1번으로 픽스할게요.

메일을 사용할 때 알면 좋은 용어예요!

[포워딩(Forwarding)]

받은 메일을 다른 팀원에게 전달해 달라고 요청할

때 주로 쓰이는 말.

예) 광고주 메일 포워딩 좀 부탁해요.

[CC(Carbon Copy)]

수신자 이외에 업무를 함께 공유해야 하는 사람을

메일 발송 시 포함시키는 것(참조와 동일어).

예) 그 메일은 저 CC 해서 보내 주세요.

[BCC(Blind Carbon Copy)]

수신자에게 CC할 대상을 숨길 때 사용(숨은 참조와

동일어).

예) A, 광고주에게 메일 보낼 때 나도 BCC해 줘요.

① 동료에게 업무 협조 요청할 때는 내가 동료에게 받고자 하는 내용이 무엇인지 구체적인 표현을 포함하여 업무 목적과 함께 전달합니다. 이때 메일 내용을 라벨링해서 전달한다면 상대방이 더욱 빠르게 업무 내용을 파악할 수 있습니다.

② 메일 제목은 내가 소속한 팀명을 대괄호 안에 기재하여 작성하고, 업무 내용 중 가장 중요한 내용을 제목으로 표현하면 좋습니다.

예) [마케팅팀] 여름 프로모션용 데이터 추출 요청

③ 메일 맺음말에 업무 기한을 전달할 때는 무례하지 않게, 또 동료의 상황을 고려한 내용으로 완곡하게 작성합니다.

예) 조율이 필요하다면 회신 부탁드립니다.

4

업무 전화
잘 걸고 받는 법

(사무실에 울리는 전화벨 소리)

으악 왜 아무도 전화를
안 받지? 전화 무서운데!

네 마, 마케팅팀… 네?
아, 넵 알겠습니다! 저, 그리고!
(전화 끊어짐)

전화한 사람 연락처랑
소속 또 못 물어봤네ㅠㅠ

회사에서 기본적인 소통 방식은 메일, 그리고 전화입니다. 작성하는 데 시간과 노력이 필요한 메일과 달리, 전화는 한 번의 통화로 빠르게 업무를 진행할 수 있다는 점에서 장점이 있죠. 하지만 최근에 '콜포비아(Call Phobia, 전화공포증)'가 많아지면서 젊은 직장인이 전화를 기피하고 문자나 메일로 소통하는 것을 선호한다고 합니다. 저 또한 신입사원 시절에 전화에 대한 부담감이 높았고, 프리랜서가 된 지금도 전화로 업무 소통하는 걸 선호하지는 않아요. 전화를 기피하는 마음은 충분히 이해합니다. 하지만 업무 전화는 회사에서 반드시 필요한 업무 중 하나이기 때문에, 노력을 통해 전화에 대한 두려움을 줄여 나가는 게 좋습니다. 그래서 이번 장에서는 업무 전화를 두려워하는 신입사원을 위해 업무 전화를 잘 주고받는 법을 알려 드리려고 합니다.

기본 인사법

업무 전화와 친해지기 위해서는 일단 기본 인사법을 기억해 두는 것이 좋겠죠. 이 인사법은 전화를 내가 먼저 걸 때 그리고 전화를 받을 때 모두 적용할 수 있는데요. 통화를 시작했을 때 나의 회사, 직급, 이름을 밝히고 마지막에는 '감사합니다.'로 마무리하는 것입니다. 아래에 정리해 놓은 스크립트에 회사명과 직책, 이름만 바꿔서 아예 외워 두는 것이 편리할 거예요. 아니면 스크립트를 메모해서 잘 보이는 곳에 붙여 놓고 전화를 걸고 받을 때 보고 읽는 것도 방법입니다.

[전화 스크립트]

전화를 걸 때
여보세요.
안녕하세요, 저는 △(회사명)에서 마케팅을 담당하고 있는 사원(직책) A(이름)입니다.
안녕하세요, △(회사명) 마케팅팀(소속) 사원(직책) A(이름)입니다.
전화를 받을 때
여보세요.
네, △(회사명) 마케팅팀(소속) A(이름)입니다.
전화를 마무리할 때
네, 수고하세요.
감사합니다.

내가 먼저 전화를 걸었을 때

업무 전화의 기본 인사법을 알아봤다면 이제 업무 전화를 잘 걸고 받는 법을 알아봐야겠죠? 전화를 먼저 걸 때나 받을 때 중요한 것은 통화 대상과 목적, 내용을 분명하게 하는 것입니다. 특히, 내가 먼저 전화를 거는 상황이라면 걸기 전에 이 세 가지만 정리해도 통화에 대한 부담을 한 층 낮출 수 있습니다. 자세한 설명을 위해 이번에는 상황 예시를 가져왔어요.

〔 상황 예시 〕

> 올해 상반기 유튜브 브랜디드 콘텐츠 광고 제작이 결정된 상황이다. 팀에서 1순위로 광고 집행을 고려하고 있는 유튜버 채널의 담당자에게 광고를 문의하려고 하는데 메일의 답장이 느리고 내용이 자세하지 않아 전화로 소통하게 되었다.

위와 같은 상황에서 대상과 목적, 내용을 정리하지 않으면 어떤 식으로 상대방에게 얘기해야 할지 정리가 되지 않아 통화 한 번에 내가 물어보고자 하는 내용을 전부 물어볼 수 없습니다. 그래서 우리가 한 번의 통화에 원하는 내용을 모두 파악하기 위해서는 메모를 통해 생각을 정리하는 과정이 필요합니다. 위의 상황을 참고해서 대상과 목적, 내용을 아래에 정리했습니다.

대상	OOO 채널 담당자
목적	광고 집행 가능 여부와 견적 문의
내용	팀에서 원하는 시기에 광고 집행 가능 여부 및 견적, 광고 제작 가능 과정에 대한 파악 필요

이렇게 대상과 목적, 내용을 메모지나 컴퓨터의 메모장에 정리했다면 이제 전화를 걸 차례입니다. 이때 바로 전화를 걸어도 좋지만, 통화에 대한 부담을 낮추려면 한발 더 나아가 아예 통화 스크립트를 한번 정리해 보는 것이 좋습니다.

예상 스크립트 작성하기

통화 전 미리 스크립트를 작성할 때는 상대방이 할 수 있는 예상 질문을 따로 정리해 보는 것이 좋습니다. 예상치 못한 질문에 당황한 나머지 영혼이 탈출한 채로 대답만 하다가 전화가 끝나 버리는 경우도 있으니까요. 예상 질문은 내가 소속한 회사나 서비스가 유명하지 않다면 간단한 소개와 서비스에 대한 설명을 준비하거나 상황에 따른 추가 질문을 미리 생각해 두는 것입니다. 오른쪽의 통화 스크립트를 보면 상황별로 나뉘어 있는데, 이렇게 미리 정리해 두면 당황하지 않고 침착하게 통화할 수 있습니다.

오른쪽의 상황처럼 내가 먼저 전화할 때는 상대방에게 통화가 가능한 시간을 물어보는 것이 좋습니다. 상대방이 회의 중이거나 급한 업무를 처리하고 있을 수도 있으니까요. 메일이나 문자로 목적과 함께 통화 가능한 시간을 체크한 뒤 통화하게 되면 전화를 거는 본인과 상대방 모두 준비된 상태에서 이야기하여, 내가 원하는 내용에 대해 보다 명료한 파악이 가능합니다.

안녕하세요. OOO 채널 담당자님.

저는 메일을 통해 광고 견적 문의드렸던 △(회사명)
마케팅팀(팀명) 사원(직책) A(이름)입니다. 다름이 아니라
올해 상반기에 광고 집행 가능 여부를 문의하려고 합니다.

광고 집행이 불가능하다고 한다면
아, 이번에는 어려우시군요? 그럼 광고 집행이 가능한
시기는 언제일까요?
그리고 브랜디드 콘텐츠 광고 집행 금액이 어떻게 되는지
궁금합니다.
(담당자가 답변하면)네, 알겠습니다. 저희가 광고 집행을
원하는 때는 올해 상반기이긴 한데, 내부에서 먼저 논의해
보고 다시 연락드리겠습니다.
감사합니다.

광고 집행이 가능하다고 한다면
광고 집행 금액과 작업 과정, 그리고 예상 작업 일수 등에
대해서 알 수 있을까요?
(담당자가 답변하면)네, 그러면 말씀해 주신 내용으로
내부에서 논의한 이후에 다시 연락드리겠습니다.
감사합니다.

다른 사람의 전화를 대신 받았을 때

내가 담당하고 있는 업무와 관련된 전화를 받을 땐 크게 어려운 점이 없을 거라고 생각합니다. 하지만 다른 사람의 전화를 대신 받았을 때, 특히 나만 있는 사무실에 전화가 왔을 때 당황스러운 경험을 하는 경우가 많습니다. 왜냐하면 다짜고짜 본인 할 말만 하는 사람도 있고, 또 내가 모르는 내용의 업무에 대해 자세히 물어보는 경우도 있어서 섣불리 대답하기가 어렵기 때문입니다. 다른 사람의 전화를 내가 대신 받았을 때 기억하고 있으면 좋은 방법을 상황 예시와 함께 알려 드리도록 하겠습니다.

〔 상황 예시 〕

> 동료에게 용건이 있는 사람이 전화했는데,
> 동료가 자리에 없을 때.

위와 같은 상황에서 중요한 것은 자리를 비운 동료가 돌아왔을 때 발신자에게 전화할 수 있도록 발신자의 인적 정보와 용건을 메모하는 것입니다. 그리고 잘 메모해 두기 위해서는 대상, 목적, 내용을 파악하는 것이 중요하죠.

이때 발신자에게 세 가지만 정확하게 파악하면 좋습니다. A의 모범 답안을 같이 확인해 볼까요?

〔모범 답안〕

(사무실 전화가 울린다)

A: 네, △(회사명) 마케팅팀(소속)
A(이름)입니다.

발신자: 안녕하세요, 여기 광고대행사 □(회사명)인데요.
혹시 캣 대리님 계신가요?
인스타그램 광고 캠페인 결과 보고서 관련해서
여쭤볼 게 있어서요.

A: (자리에 계신지 확인 후)지금 캣 대리님
자리에 안 계시는데, 메모 남겨 드릴까요?

남겨 달라고 한다면

발신자: 네, 남겨 주세요.

A: 전화하신 분 성함과 회사명, 전화번호를 알 수
있을까요? (대상 신원 파악)

발신자: 저는 □(회사명)에서 △(회사명) 계정 운영
대행을 맡고 있는 B입니다.
전화번호는 010-1111-1111입니다.

> A: 네, 확인 한번 하겠습니다. □(회사명), 성함은
> B이시고, 전화번호는 010-1111-1111
> 맞으시죠?
>
> 발신자: 네, 맞습니다.
>
> A: 전화하신 용건이 어떻게 되실까요?
> (목적과 내용 파악)
>
> 발신자: 인스타그램에서 이번 달에 진행한 캠페인 결과
> 보고서를 작성 중인데 내용 중에 크로스체크가
> 필요한 부분이 있어서 전화드렸습니다.
>
> A: 말씀하신 내용 메모해서 캣 대리님께 전달해
> 드리겠습니다.
>
> 발신자: 네, 감사합니다.
>
> A: 감사합니다.

A는 우선 발신자에게 동료가 자리에 없다는 점을 밝히고 메모가 필요한지를 물었습니다. 보통은 발신자가 다시 전화하는 경우가 많지만, 메모를 남겨 달라고 요청하는 경우도 있습니다. 메모를 적게 됐다면 발신자의 신원을 가장 먼저 파악합니다. 사실 대상에 대한 신원 파악이나 목적, 내용을 파악할 때 정해진 순서가 있는 것은 아닙니다. 때에 따라서 순서를 달리할 수 있습니다. 이후 A는 발신자의 신원을 파악하면서 A가 메모한 내

용이 정확한지 다시 한 번 확인합니다. 다른 사람의 전화를 대신 받았을 때는 이 과정이 아주 중요합니다. 통화 상태나 품질에 따라서 잘못 들었을 수도 있고, 잘못된 정보를 동료에게 전달하면 발신자가 기한 내에 목적을 달성하기 어려울 수 있습니다. 그래서 발신자가 다소 귀찮고 급한 태도를 보이더라도 반드시 받은 정보에 대해 확인하고 정확한 내용을 메모했는지 파악하는 것이 중요합니다. 마지막으로 A는 전화를 건 목적과 내용을 발신자에게 물어보고 인적 정보와 함께 메모해 둡니다. 이렇게 정리해 둔다면 동료가 자리에 돌아왔을 때 빠르게 발신자와 통화할 수 있겠죠.

만약 전화에 대한 공포감이 커서 대상과 목적, 내용을 파악하는 게 어렵다면 미리 스크립트를 작성해서 눈에 띄는 곳에 붙여놓고 전화를 받았을 때 보고 읽는 것도 방법입니다. 스크립트를 작성하는 것이 어렵다면 A의 모범 답안을 참고해서 작성하면 좋을 것 같습니다.

① 내가 전화를 걸 때나 받았을 때, 가장 먼저 할 일은 인사와 함께 나의 회사와 소속, 이름을 밝히는 것입니다. 그리고 전화를 마무리할 때는 '감사합니다.'로 끝내는 것이 좋습니다.

② 업무 전화를 받았을 때 중요한 것은 대상과 목적, 내용을 파악하는 것입니다. 전화를 걸 때는 대상과 목적, 내용에 대해 미리 정리해 보고 대본처럼 스크립트를 작성한 다음에 전화를 걸면 소통하는 데 용이합니다.

③ 다른 사람의 전화를 대신 받았을 때는 상대방의 회사, 직급, 이름과 연락처를 파악하고 상대방이 전화한 목적과 내용을 메모하는 것이 필수입니다. 메모한 다음에는 내가 받아 적은 내용 중 틀린 내용은 없는지 확인하는 것이 좋습니다.

④ 전화에 대한 부담감이 크다면 상황별 스크립트를 작성해 두고 전화기 옆이나 모니터 아래 등 눈에 잘 띄는 곳에 붙여 놓는 것도 방법입니다.

✦ 5 ✦

업무 보고서
작성법

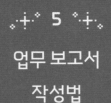

A 님 보고서 작성 다 됐어요?
다 됐으면 저한테 주세요.

앗, 넵! 여기 있습니다.

(보고서를 읽은 후)
A 님… 보고서 작성은
예술 행위가 아닙니다.

네?(나 때문에 화나셨나 봐…)

"지금 예술하세요?" 신입사원일 때, 제가 작성했던 업무 보고
서를 읽은 대리님께 들은 말입니다. 업무 보고서라는 걸 처음
써 봤던 저는 그 말과 이후에 이어진 가시 돋친 피드백을 듣고
퇴근길에 한 줄기 눈물을 주르륵 흘렸던 기억이 납니다. 마음
아프지만 저처럼 눈물을 흘리지 않으려면 업무 보고서를 쓰는
법에 대해 미리 알아 두는 것이 좋아요. 업무 보고서에 대해 설
명하려면 한 챕터가 아니라 한 권의 책으로 구성할 수 있을 정
도로 내용이 방대한데요. 모든 종류의 업무 보고서 작성법을 담
아낼 수는 없기 때문에, 이번 장에서는 아주 기본적인 방법을
알려 드리도록 하겠습니다.

보고서 작성 전, 상사에게 질문은 필수

보고서를 쓰기 전, 먼저 파악해야 하는 것은 보고 목적과 형식, 마감 기한입니다. 여기서 마감 기한이란, 최종 보고서 제출일 전에 상사의 피드백을 받고 수정하는 시간을 고려한 마감 기한을 말합니다. 보통 신입사원이 쓴 보고서는 아주 간단한 내용이 아니라면 상부에 결재가 올라가기 전, 확인과 수정을 거치기 때문입니다. 보고서를 작성하는 신입사원의 역할은 대부분 초안을 잡는 역할일 것이기 때문에, 상사가 보고서를 읽고 수정하는 시간을 고려해야 하는 것이죠. 자, 그렇다면 보고 목적과 형식, 마감 기한은 언제, 어떻게 파악하는 것이 좋을까요? 예시를 통해 더 자세하게 설명해 드리겠습니다.

〔 상황 예시 〕

> 캣 대리: A, 마케팅팀 지난 분기 온라인 광고 집행 결과
> 좀 정리해서 전달해 주세요.

상사는 업무 지시할 때 위의 예시처럼 간단하게 말하는 경우가 많습니다. 이때 상사의 업무 지시에 대해 상세한 내용을 질문하

지 않고 보고서를 작성하면 상사가 기대했던 내용과는 다른 보고서를 작성할 수 있어서 질문을 통해 보고서에 대한 기본적인 사항을 파악하는 것이 중요합니다. 아래 예시는 상사와 대면으로 소통할 때 참고하기 좋은 스크립트입니다.

〔 모범 답안 〕

보고 목적 파악

캣 대리: A, 마케팅팀 올해 1분기 온라인 광고 집행 결과
좀 정리해서 전달해 주세요.

A: 네, 알겠습니다. 혹시 이게 경영진 보고용으로
필요하신 건지, 다른 업무에 대한 참고로
필요하신 건지 알 수 있을까요? 보고서 작성에
참고하려고 여쭤봅니다.

형식 파악

캣 대리: 경영진 보고용은 아니고, 다음 분기 온라인
광고를 기획 중인데 올해 1분기 결과 데이터를
참고해서 기획하려고 요청하는 겁니다.

A: 아, 그러면 데이터는 구글 스프레드시트로
정리해서 전달해 드리면 될까요?

캣 대리: 네, 매체별로 광고 비용 대비 상품 구입

전환율을 중점으로 파악해서 간단하게 정리해
주면 좋을 것 같아요.

A: 제가 언제까지 드리는 게 좋을까요?

캣 대리: 음… 제가 다음 주 월요일에는 제출해야 하니,
이번 주 수요일 오전까지는 전달해 줬으면
좋겠어요.

A: 네. 알겠습니다.

A는 어떤 용도로 보고서가 필요한 것인지 '보고 목적'에 대해
먼저 질문합니다. 그 이유는 보고 목적을 파악하면 내가 작성하
게 될 보고서에 대한 구성과 형식을 머릿속으로 그려 볼 수 있
기 때문입니다.

A는 질문을 통해 작성하게 될 보고서가 경영진 보고용이 아닌
참고 자료용이라는 것을 알게 되어 보고서의 형식에 대해 유추
할 수 있었습니다. 만약 캣 대리가 경영진 보고용으로 보고서를
요청했다면 좀 더 형식을 갖출 수 있는 PPT나 구글 데이터 스
튜디오 등을 활용하여 작성하면 될지 상사에게 추가로 질문을
던질 수 있겠죠.

마지막으로 A는 마감 기한에 대해 묻습니다. 예시에서는 캣 대리가 구체적으로 최종 제출일을 말해 주면서 질문에 답변합니다. 만약 여러분의 상사가 캣 대리처럼 구체적인 일정을 알려 주지 않았다면, "보고서 피드백받는 시간도 고려하면 그것보다 일찍 전달해 드리는 게 좋을까요?"라고 물어보는 것도 좋습니다.

마감 기한과 관련하여 주의할 점은, 상사가 수요일 오전까지 보고서를 요청하면 수요일 점심시간 전, 11시 59분까지 전달해도 된다는 뜻이 아니라는 것입니다. 마감 기한이 수요일 오전이라면, 수요일 전날인 화요일 오후 업무 시간까지 보고서 작성을 마쳐 놓고, 다음날 출근 직후 또는 출근 1시간 내외로 상사에게 전달하면 좋습니다. 마감 기한은 최대치이기 때문에, 그 기한을 꽉 채워서 마감하는 것보다는 그 시간보다는 조금 이르게 전달하면 좋습니다.

보고서는 퍼센트(%)와 숫자를 활용해서 작성해요

보고서를 작성할 때는 숫자를 활용하는 것이 필수입니다. 그런데 회사에서 숫자를 다루는 방식은 일상 생활과 많이 다릅니다. 어떤 업무의 결과나 실적을 그저 숫자로 표현하기보다는 퍼센트를 활용하여 작성하는 경우가 많죠. 이해를 돕기 위해 아래 예시를 가져왔습니다.

[이번 연도 1분기 매출액]

1분기 총 매출액	1분기 목표 매출액	지난 분기 총 매출액
200,000,000	300,000,000	150,000,000

위의 표는 여러분의 이해를 돕기 위한 자료입니다. 이는 A가 다니고 있는 회사의 '이번 연도 1분기 매출액'을 정리한 표입니다. 매출액에 대한 보고서를 상사에게 제출하면서 간략하게 보고서 내용을 설명하게 된 상황이라고 가정했을 때, A가 어떻게 보고해야 상사가 명확하게 이해할 수 있을까요?

[상황 예시]

A:　　　 이번 연도 1분기 총 매출액은 2억 원으로 지난
　　　　 분기 매출액보다 5천만 원 상승했습니다. 목표
　　　　 매출액인 3억 원에 1억 원 부족하게 목표를
　　　　 달성했습니다.

캣 대리:　 그러면 지난 분기보다 매출액이 몇 퍼센트
　　　　 상승했다는 거죠? 그리고 목표 매출액은 얼마나
　　　　 달성한 건가요?

A:　　　 (당황) 아 그게…(머릿속으로 빨리 계산한다).
　　　　 30%, 아니 33%입니다. 그리고 목표 매출액은…
　　　　 어….

캣 대리:　 (답답해하면서 보고서를 넘긴다)
　　　　 설마 보고서에도 그렇게 애매하게 써 놓은 건
　　　　 아니겠죠?

[모범 답안]

A:　　　 이번 연도 1분기 총 매출액은 2억 원으로
　　　　 지난 분기 총 매출액인 1억 5천만 원에서
　　　　 약 33% 증가했고 목표 매출액의 약 67%를
　　　　 달성했습니다.

캣 대리:　 (수긍 후 추가 질문을 한다)

상황 예시와 모범 답안을 비교해서 읽어 보면 '퍼센트'를 활용하여 보고하는 것이 듣는 이의 입장에서 명료한 전달법이라는 것을 알 수 있습니다. 상황 예시는 매출액 상승을 숫자로만 표현하여 체감하기 어렵지만, 모범 답안은 지난 분기와 이번 분기의 매출액을 퍼센트로 계산해 33%라고 표현하니 구체적으로 이해할 수 있죠. 상황 예시처럼 상사가 퍼센트 수치를 질문하는 일은 회사에서 자주 발생합니다. 평소 퍼센트 계산법을 숙지하고 퍼센트 수치로 말하는 습관을 들이면 난감한 상황을 방지할 수 있습니다.

그렇다고 부담을 갖고 외워야 한다는 강박을 갖지는 마세요. 보고서에 적힌 숫자를 보며 '퍼센트로 계산하면 이렇게 되겠구나.' 하고 일상에서 습관처럼 계산법을 연습하면 자연스럽게 숫자 감각이 높아질 겁니다. 급할 때는 굳이 퍼센트를 계산할 필요 없이 네이버의 '퍼센트 계산기'를 이용하면 숫자만 입력해도 내가 원하는 수치를 빠르고 정확하게 퍼센트로 변환할 수 있습니다. 저 또한 보고서를 작성할 때 '퍼센트 계산기'를 대부분 활용했지만, 퍼센트 계산기에 의존하는 건 그다지 추천하지 않아요. 상사가 '이건 그래서 몇 퍼센트지?'라고 구두로 물었을 때 답변하지 못하는 불상사가 생길 수 있습니다.

[계산법 연습]

분류	문제	계산법
퍼센트로 변환할 때	① 100의 80은 몇 %인가? ② 350의 120은 몇 %인가?	(숫자÷기준값)*100 ① (80÷100)*100=80% ② (120÷350)*100=34%
퍼센트를 숫자로 변환할 때	① 100의 20%는 몇인가? ② 350의 40%는 몇인가?	(기준값*%) ① 100*0.2=20 ② 350*0.4=140
할인율	① 100,000원에서 30% 할인 하면 얼마인가? ② 19,900원에서 25% 할인 하면 얼마인가?	본래 금액-(본래 금액*%) =할인 금액 ① 100,000-(100,000*0.3) =100,000-30,000=70,000원 ② 19,900-(19,900*0.25) =19,900-4.975=14,925원
증가율	① 100이 200으로 증가했다 면 몇 % 증가인가? ② 125가 450으로 증가했다 면 몇 % 증가인가?	((두 값의 차이)÷기준 값)*100 ① ((200-100)÷100)*100 =100% ② ((450-125)÷125)*100 =260%
감소율	① 300이 150으로 감소했다 면 몇 % 감소인가? ② 90이 50으로 감소했다면 몇 % 감소인가?	((두 값의 차이)÷기준 값)*100 ① ((300-150)÷300)*100 =50% ② ((90-50)÷90)*100 =약 44.4%

앞의 표는 회사에서 자주 사용하는 기본적인 퍼센트 계산법입니다. 앞서 말한 것처럼, 외워야 한다는 부담을 갖기보다는, 일상생활에서 천천히 적용해 보면서 숫자에 대한 감각을 기르는 것을 추천합니다. 우선은 갑작스러운 상사의 퍼센트 질문 공격에 방어할 수 있을 정도로만 연습하는 걸로 시작해 봅시다.

중간보고로 실수를 줄여요

보고서 작성 전 상사에게 질문하여 방향성을 잡은 후 숫자를 바탕으로 이해하기 쉽게 작성했습니다. 이제 보고서를 상사에게 최종 제출하면 될까요? 그러면 좋겠지만, 아쉽게도 아닙니다. 중간보고 단계가 생략됐기 때문입니다. 만약 중간보고 없이 보고서 작성을 마무리한다면 상사가 원했던 내용과 달라서 처음부터 다시 작성하게 될 가능성이 높습니다. 또, 중간보고는 여러분이 무한 수정의 굴레에 빠져 야근하지 않도록 만들어 주는 좋은 방법이기도 합니다.

중간보고하는 방법은 다양하지만, 회사에서는 빠르고 간단한 구두 보고가 대부분입니다. 상사가 나의 업무 진행 상황을 파악하기 좋으면서, 내가 이렇게 일하고 있다는 걸 알려 줄 수 있습니다. 구두로 중간보고하기 적절한 타이밍은 오전 업무를 시작할 때, 상사가 업무 진행 상황에 대해 먼저 묻기 전입니다.

주의할 점은 장황하게 보고하지 않는 것입니다. 구두 보고는 간략하게 진행합니다. 상사가 이해하기 쉽도록 주요 진행 상황과 이슈를 간단히 공유하는 것이 좋습니다. 특히, 이슈가 발생했을 경우 내가 해결할 수 없는 문제라면 상사에게 최대한 빠르게 공유해야 문제가 커지는 것을 방지할 수 있습니다. 추가로, 업무를 진행하며 궁금한 점이 발생했다면 이때 정리하여 질문하는 것도 좋습니다. 상사도 신입사원에게 보고서 작성과 관련된 업무를 맡길 때, 이 보고서가 어떻게 나올지를 예상하지 못한 경우가 많습니다. 그래서 신입사원이 중간보고했을 때 업무방향성에 대해 더 나은 피드백을 줄 수 있다는 것을 참고해 두면 좋을 것 같습니다.

학창 시절 수포자였거나 숫자 감각이 부족한 사람이라면, 업무를 위해 숫자 감각을 기르는 데 어려움이 많을 거예요. 저 또한 숫자 감각이 부족한 사람이기 때문에 그 마음을 잘 압니다. 이런 분을 위해 추천하고 싶은 책은 『숫자로 일하는 법』입니다. 『숫자로 일하는 법』은 저자의 경험을 바탕으로 실무에서 숫자를 활용하는 법을 알려 주는 책으로, 숫자로 상사나 동료를 설득하는 법, 숫자로 문제를 해결하는 방법 등을 알려 줍니다. 이 책은 숫자 감각을 기르기 위한 정확한 방법을 알려 주기보다는 '이럴 때 숫자를 활용하면 되는구나.' 정도로 참고할 수 있습니다. 숫자 감각을 왜 길러야 하는지 궁금한 신입사원이라면 읽어 보는 것을 추천해요.

보고서 작성과 관련한 TIP이 절실하다면 도서 『신입 때 알았더라면 좋았을 보고서 잘 쓰는 법』을 추천합니다. 실제로 회사에서 12년간 보고 실무를 담당했던 저자가 집필한 책이기도 하고, 실무와 밀접한 내용이 가득해요. 보고서 구성법부터 제작까지 모든 내용이 이해하기 쉽게 설명되어 있고 보고서 작성 업무를 하다가 한 번쯤 고민해 봤을 내용이 전부 모여 있습니다. 또, 저자가 온오프라인 교육 플랫폼 '탈잉'에서 튜터(Tutor)로 활동하면서 수강생들이 문의하는 내용을 정리해 FAQ(Frequently Asked Questions)와 TIP을 작성했는데, 직접 읽어 보니 신입사원에게 도움이 될 만한 내용이 많았어요. 회사 책상 한편에 꽂아 놓고 필요할 때 참고하기 좋습니다.

① 상사에게 보고서 작성 지시를 받았을 때, 보고 목적과 형식, 마감 기한에 대해 질문하며 보고서 방향성을 파악합니다.

② 보고서를 작성할 때는 숫자와 퍼센트를 활용하여 명확하게 작성합니다.

③ 보고서를 작성하는 과정에서 상사에게 매일 구두로 보고하면서 업무 진행 상황과 이슈를 간략하게 공유합니다.

6

회사 내
다양한 문서의 세계

다들 이번 달 말까지
지출결의서 내는거 잊지 마세요!

기간 놓치면 경영지원팀에서
안 받는다고 하니까
기간 엄수 필수입니다.

참, A 님 전에 말했던
세금계산서는 대행사에
요청했어요?

세금계산서?
지출결의서? 이게 다 뭐지?

회사에서 사용하는 문서에는 다양한 종류가 있습니다. 품의서, 지출결의서, 기안서, 세금계산서, 휴가원 등 아주 다양한데요. 신입사원에게 익숙하지 않은 단어가 많아서 처음에 '이게 다 뭐지?' 싶을 것 같아요. 모든 문서의 종류나 쓰임새를 알고 있을 필요는 없지만, 회사 문서에 대해 알면 적당한 때에 활용할 수 있을 테니, 종류와 그에 따른 쓰임새에 대해 간략하게 설명해 드리도록 하겠습니다. 참고로 회사나 본인의 직무에 따라서 자주 사용하는 문서가 아닌 것도 있으니 '이런 문서는 보통 이렇게 쓰는 거구나.' 정도로만 가볍게 읽어 보면 좋을 것 같습니다.

"이렇게 회사 돈을 써도 될까요?"
하고 허락을 구하는 건 '품의서'

품의서는 회사에서 상사나 관련 부서의 승인이 필요한 업무를 할 때 주로 작성하는 문서입니다. 예를 들어서 회사 경비를 지출할 때나 업무 중 구매가 필요한 물품이 있을 때 작성하죠. 상사에게 바로 결재를 받는 경우도 있고, 관련 부서의 승인을 거쳐서 상사에게 결재받는 경우도 있습니다. 회사나 문서마다 결재 체계가 다르기 때문에 품의서를 작성하기 이전에 유관 부서나 상사에게 확인받으면 좋습니다. 품의서는 공적인 문서이기 때문에 장황하게 작성하기보다는 제목과 내용을 간결하게 작성해야 합니다. 또한, 불분명하게 작성하기보다는 품목과 수량을 구체적으로 기입해야 됩니다. 품의서도 그렇지만 회사 문서를 작성할 때 실수를 줄이려면 상사나 동료에게 "품의서 작성에 참고하려고 하는데, 혹시 이전에 작성하신 품의서를 볼 수 있을까요?"라고 물어보고 기존 형식을 참고해서 작성하는 것을 추천합니다.

"이렇게 회삿돈을 썼습니다."
하고 보고하는 건 '지출결의서'

지출결의서는 법인 카드를 사용하거나 업무 관련해서 지출했을 때, 품의서로 승인받았던 지출 내용을 보고할 때 사용하는 업무 문서입니다. 최근에는 회사 인트라넷(Intranet)을 통해서 전자문서로 제출하는 회사도 많아졌지만, 문서를 출력해서 영수증을 붙이는 회사도 많습니다. 보통 지출결의서를 확인하는 건 직속 상사가 아닌 총무팀이나 회계팀, 경영지원팀이라서 해당 부서에서 권장하는 제출 방식이 있는 경우가 있습니다. 지출결의서를 작성할 때 모르는 게 있다면 관련 부서 담당자에게 참고할 수 있는 가이드나 문서가 있는지 물어보는 게 좋아요. 정해진 양식에 따라 작성하지 않으면 결재가 반려될 수 있어요. 무한 문서 반려의 굴레에 빠지지 않기 위해서는 회사에서 정한 양식을 지키는 것이 좋습니다.

"이렇게 해도 될까요?"
하고 검토를 요청하는 건 '기안서'

기안서는 업무와 관련된 의사 결정이 필요한 때에 검토와 결재를 상사에게 요청하는 문서입니다. 기안서는 비교적 자유로운 분위기의 회사라면 작성하지 않는 경우도 많습니다. 품의서는 주로 지출과 관련된 문서라면 기안서는 품의서보다 다용도로 사용되는 문서라고 생각하면 좋습니다. 기안서를 작성할 때 유의할 점은, '무엇'을 요청하는지, 그리고 '왜' 요청하는지를 구체적이고 명확하게 작성하는 겁니다. 그리고 열람하는 대상이 기안서의 내용을 효과적으로 이해할 수 있도록 번호를 사용하여 나누어 표기하면 좋습니다. 하나의 줄글로 많은 이야기를 하면 이해하는 데 어려움을 줍니다. 상사가 기안서의 내용을 이해하지 못하면 다시금 작성하게 될 수 있습니다. 그러면 원하는 기한 내에 목적을 이루지 못할 수도 있습니다. 또한 작성자를 누락하지 않아야 피드백을 받을 수 있어요.

사업자(거래처)에게 회삿돈으로 무언가를
구매했을 때 받는 영수증이 '세금계산서'

세금계산서를 쉽게 설명하면, 우리 회삿돈으로 어떤 사업자의
서비스나 물건, 광고 등을 구입했을 때 그 사업자가 발행해 주
는 일종의 영수증입니다. 그러니까 물건을 구입한 우리 회사가
발행하는 게 아니라, 물건을 판 사업자가 발행하는 영수증인 거
죠. 세금계산서는 회삿돈을 지출한 것에 대한 일종의 증빙 자료
입니다. 국세청에 제출하는, 세무적으로 반드시 필요한 자료이
기 때문에 사업자의 물건이나 서비스 등을 구매했을 때는 요청
해야 하는 문서입니다. 내가 지출 관련 업무를 진행했다면 잊지
않고 요청하는 게 중요해요. 세금계산서를 요청하려면 내가 다
니고 있는 회사의 사업자등록증 사본을 업체에 보내야 합니다.
세금계산서에는 요청하는 회사의 정보를 기재하므로, 정확한
작성을 위해서 거래처에 내가 다니는 회사의 사업자등록증 사
본을 보내는 것입니다. 만약 사업자등록증 사본이 어떤 파일에
있는지 모르거나 나에게 없다면 상사나 동료에게 문의하면 됩
니다.

"휴가를 사용해도 될까요?"
하고 허락을 구하는 건 '휴가원'

휴가원은 연차, 반차 등을 사용할 때 상사에게 제출하는 문서입니다. 반차는 오전과 오후로 나누어집니다. 휴가원을 제출하기 전에 두 가지 사항을 확인하면 좋습니다. 먼저, 내가 사용할 수 있는 휴가 일수를 확인합니다. 그리고 진행 중인 업무 일정을 확인하는 일입니다. 이때 상사에게 구두로 "O월 O일 O요일에 연차(또는 반차)를 쓰려고 하는데 괜찮을까요?" 하고 휴가 예정일의 일주일 전에 허락을 구하는 것이 좋습니다. 휴가원은 대개 현재 담당하는 업무와 관련된 동료와 일정을 협의한 후에 마지막으로 제출합니다. 휴가 사용으로 업무에 차질이 생기지 않도록 하기 위함입니다. 휴가 사용은 법적으로 근로자의 당연한 권리이지만 업무 일정을 확인하지 않고 휴가원을 사용하면, 다른 팀원에게 부담이 갈 수 있어서 업무 일정을 고려한 후 진행하는 것이 좋습니다. 또, 상사에 따라서는 어떠한 협의도 없이 휴가원부터 제출하는 신입사원을 긍정적으로 보지 않을 수 있기 때문에, 우선 구두로 휴가 사용과 관련해 이야기를 나누면 좋습니다.

① 업무 문서의 종류나 쓰임새 등은 회사마다 다르기 때문에 회사 내규에 따라 사용하세요.

② 품의서, 지출결의서, 기안서 등은 공적인 문서이기 때문에 명확하게 형식을 지켜서 작성하는 것이 좋습니다. 작성할 때 관련 부서에 가이드나 자료가 있는지 물어보면 좋습니다. 또한, 세금계산서 발행을 요청하기 위해선 사업자등록증 사본이 필요해요.

③ 휴가원을 사용하기 전에는 자신이 사용할 수 있는 휴가 일수가 있는지, 원하는 일자에 휴가원을 제출해도 괜찮은지 상사에게 구두로 이야기합니다. 현재 함께 업무를 진행 중인 동료와 일정을 확인하고 휴가원을 작성하여 제출합니다.

7

두려운 회의에서
살아남는 방법

(첫 업무 회의 날)
미리 회의실에 가서 준비해야지!

오잉? 회의 시간 다 됐는데
왜 아무도 안 오지?

? ?

어, A 님 여기 저희 팀이
이 시간에 예약해 뒀는데….

앗, 회의는 내일이었지!
착각했다!

제가 신입사원일 때를 돌이켜 보면, 회의에 참석하는 게 가장
부담스럽고 긴장됐던 것 같아요. 상사가 하는 말이나 회의 주제
도 잘 이해가 안 가는데, 무슨 얘기라도 꺼내야 할 것 같았어요.
그러다 보면 할 말이 더 생각나지 않아서 머릿속이 혼돈 그 자
체가 되곤 했거든요. 회의에 참석하면 누군가 갑자기 저의 의견
을 물어볼까 봐 상사의 눈을 최대한 피하고 애꿎은 수첩만 뚫
어져라 봤던 기억이 납니다. 아마 여러분도 과거의 저처럼 회의
에 부담감과 두려움을 갖고 계실 거로 생각해요. 이번 장에서는
여러분이 회의에 대한 두려움을 극복할 수 있도록 관련 조언을
회의 시작 전과 후로 나누어 설명해 드리겠습니다.

회의 준비는 미리미리

외부 업무 관계자와 진행하는 회의든, 직장 동료와 진행하는 회의든, 회의할 때는 지켜야 하는 기본 매너가 있습니다. 우선 정말 기본적인 사항이지만 회의 시작 시간을 지키는 것부터 얘기해 볼 수 있을 것 같아요.

오늘 내가 참여하는 회의가 오후 3시 시작이라면, 3시에 딱 맞춰 회의실에 도착하는 것보다 적어도 10분 전에 도착해서 준비하는 것이 좋습니다. 회사 분위기에 따라 다르겠지만, 중요한 회의를 앞둔 상황에서 신입이 회의에 필요한 준비(노트북 및 출력물, 음료 세팅 등)를 하는 경우가 있는데요. 저는 그럴 때 최소 30분 전에는 회의실에 가서 환경이 어떻게 되어 있는지 확인했습니다. 발표가 필요한 회의라면 관련 장비 세팅 또한 확인해 두는 것을 추천합니다. 회의 중 내가 예상하지 못한 변수가 생겨서 당황할 경우의 수를 사전에 방지하는 것이죠. 회의 전에 상사에게 내가 미리 챙기면 좋을 것이 무엇인지 물어보는 것도 좋습니다.

외부 업무 관계자가 회의에 참석하기 위해 우리 회사에 왔다면 간단한 다과를 같이 마련해 두는 것이 좋아요. 만약 우리 회사 탕비실에 간식이 있다면, 간단한 한입 거리 과자를 회의실에 준비해 두는 것도 좋습니다. 음료는 상대방이 왔을 때 줄 수 있는 음료가 뭐가 있는지 알려 주면서 선호하는 종류를 물어보는 것이 좋아요. "커피 있는데 커피 드릴까요?", "마실 거 갖다 드릴까요? 커피도 있습니다." 이렇게요. 때에 따라서는 회사에 커피나 간식이 없는 경우도 있는데 상사에게 회의 전에 "손님 오시는데 커피나 음료 사 올까요?"라고 물어보는 것도 괜찮습니다.

회의의 목적과 내용을 파악해요

회의에 참석했을 때 누군가 나에게 의견을 물어보는 것이 두렵지 않으려면, 회의의 목적과 내용을 미리 확인하면 좋습니다. 회의를 주최하는 담당자는 회의 전, 회의 안건을 사전에 공유합니다. 그렇게 해야 회의에 참석하는 다양한 업무 관계자가 목적과 내용에 맞는 의견을 준비해 올 수 있기 때문입니다. 회의가 길어질수록 업무할 시간이 줄어들고, 긴 회의는 모두를 지치게 만드니까요. 만약 여러분이 회의의 목적과 내용을 전달받지 못했다면, 회의를 주최하는 담당자에게 메신저를 보내서 물어보는 것도 좋습니다. 입사한 지 얼마 안 된 신입사원이라면 질문하는 것 자체가 부담스러울 수 있습니다. 처음 참여하는 회의이 거나 입사한 지 한 달도 안 된 상태라면, 미리 회의의 목적과 내용을 파악해야 한다는 부담이나 강박을 느끼지 않았으면 좋겠어요. 막 입사한 신입사원에게 "왜 회의하는데 내용 파악을 못했어?" 하고 화를 내는 사람은 거의 없으니까요.

외부 업무 관계자와 진행하는 중요한 회의에 참석하게 됐다면 회의 목적과 내용이 무엇인지, 그리고 본인은 어떤 역할을 하면 될지를 반드시 파악해 두라고 조언하고 싶어요. 외부 업무 관계자와 함께하는 회의는 참여하는 담당자가 각자 회사를 대표하는 얼굴이나 다름없거든요. 일종의 외교관 역할을 한다고 생각하면 좋은데, 우리나라를 대표하는 외교관이 다른 나라에서 외교 업무를 할 때 국격을 떨어뜨리지 않으려고 노력하는 것처럼, 회의에서의 실수를 최대한 줄여 보겠다는 생각으로 노력하면 좋을 것 같아요. 이때, '실수를 절대로 하지 않겠다.'라는 마음보다는 '최대한 잘 준비해서 실수를 줄여 보겠다.'라는 마음가짐을 가지는 것을 추천합니다. 그래야 회의 전, 지나치게 긴장하는 것을 피할 수 있습니다.

비대면으로 회의할 때 기본 매너

비대면 회의를 진행할 경우, 보통 구글 미트(Google Meet)나 줌
(Zoom)을 사용하는데요. 내가 만약 이 서비스를 사용해 보지 않
았다면 업무 시간 중 여유가 생겼을 때 가볍게 이용해 보는 것
을 추천해요. 제가 회사에 다닐 때 발표를 맡은 분이 플랫폼을
처음 사용해 봐서 회의 시작 시간이 대략 20분 지연되는 상황
이 벌어진 적 있습니다. 팀에서 진행하는 작은 회의였고 신입사
원이었기 때문에 다들 너그럽게 이해해 주긴 했지만, 막상 내가
그런 상황의 당사자가 되면 크게 당황할 것 같아요. 온라인으로
진행하는 회의에 참여할 경우, 기본적인 사용법을 익혀 두고 화
면 및 마이크 세팅을 확인해 두면 좋습니다. 화면은 얼굴이 잘
보이게 세팅하는 것이 좋고 인터넷이 잘 터지는 곳에서 회의에
참석하는 것이 좋아요. 사무실이 시끄럽다면 조용한 회의실에
서 회의에 참석해도 됩니다. 피치 못할 상황이라서 카메라를 켜
고 얼굴을 보여 줄 수 없다면 상사에게 미리 양해를 구한 후에
회의에 참석하는 것이 좋습니다. 회의 참석 후에도 다른 업무
관계자 및 동료에게 카메라를 켜지 못하는 이유에 대해서 양해
를 구하는 것이 좋아요.

외부 업무 관계자와 회의할 때의 '옷차림'

신입사원이라면 옷차림에 대해 고민을 많이 할 것 같아요. 주간 업무 회의나 일상적으로 진행하는 회의에서는 옷차림을 크게 신경 쓸 필요 없지만, 외부 업무 관계자와의 회의는 아무래도 다르게 다가오니까요. 외부 업무 관계자와의 회의에서 옷차림은 업무 관계자의 소속이나 직급에 따라 다를 것 같습니다.

예를 들어 처음 참여하는 회의고, 외부 업무 관계자와 회의하는 것이라면 중요한 회의이니 단정한 옷차림을 하는 것이 좋겠죠. 저라면 슬랙스에 셔츠 혹은 깔끔한 블라우스를 입거나, 정장 자켓을 위에 걸치는 등 평소보다 더 단정하게 차려 입을 것 같아요. 하지만 간단한 회의라면 평소 입던 대로 입거나, 캐주얼한 옷차림으로 참석할 것 같아요. 저는 기본적으로 업무와 관련된 회의에 참여할 때는 상대방의 직급이나 소속을 떠나서 맨투맨이나 후드티는 피하고 조금 더 신경 쓴 복장을 입는 편입니다. 복장에 어떤 정답이 있는 것은 아니지만 기본적으로 외부 업무 관계자와 회의할 때는 세미 정장으로, 또는 평소 복장보다는 단정하게 입는 것이 좋다고 말해 두고 싶어요.

외부 업무 관계자와 회의할 때의 '기본 매너'

같은 회사 동료와 함께하는 회의가 아니라 외부 업무 관계자와 회의할 때는 보통 본격적인 회의 시작 전에 서로의 명함을 주고받고 소개하는 시간을 갖습니다. 저는 회사에 다닐 때 명함이 빨리 나와서 입사 일주일 만에 광고주와의 회의에 참석한 적 있습니다. 개인적으로 명함을 주고받을 때 가장 긴장했던 것 같아요. 물론 회의 자체도 떨리지만, 명함을 주고받으려고 차례를 기다리며 내가 진짜 회사원이 됐다는 현실 감각과 함께 실수에 대한 걱정과 두려움이 밀려왔거든요. 여러분도 외부 회의를 앞두고 있다면 걱정을 많이 하고 있을 텐데, 제가 그럴 때 도움이 될 만한 방법을 알려 드릴게요.

여러분이 외부 업무 관계자와 회의하게 됐다면, 상사와 동석하게 될 텐데요. 그럴 경우, 여러분이 먼저 명함 얘기를 꺼내는 상황은 많지 않을 거예요. 상사 혹은 업무 관계자가 먼저 인사하면서 명함을 내밀 겁니다. 보통 여러 명이 회의에 참석했을 때는 업무 관계자와 명함을 서로 왔다 갔다 하면서 주고받기보다는, 한쪽이 먼저 명함을 전부 주면 다른 한쪽에서 소개하며 명함을 주는 식으로 진행됩니다. 그래서 상사와 나, 이렇게 둘이 회의에 참석했다면 상사가 상대방에게 명함을 주면서 소개를 한 직후가 여러분의 차례일 거예요.

명함은 양측 모두 되도록 서서 전달하며, 상대방의 가슴 높이로 건넵니다. 명함을 줄 때는 두 손으로, 상대방이 명함을 똑바로 읽을 수 있게 방향을 설정하여 줍니다. 그리고 전달할 때는 눈을 맞추며 가벼운 미소와 함께 '마케팅팀 사원 A입니다.'라며 소속과 직급, 이름을 밝히는 게 좋아요. 명함을 동시에 주고받게 됐다면, 내 명함을 오른손에 쥔 상태에서 왼손으로 명함을 받으면 됩니다. 명함을 받고 나서는 가볍게 읽어 보면서 상대방의 직급과 이름을 작게 말해 보는 것도 좋아요. "브레드 대리님." 이런 식으로요. 또는 명함을 눈으로만 읽어도 되니까 부담 갖지는 마세요. 명함은 주머니에 바로 넣지 않고, 회의 테이블 위에 잘 보이게 올려 두는 것이 매너입니다. 테이블 위에 명함을 올려 둘 때는, 참석자의 순서에 맞게 배치하거나 여러 명의 참석자가 있을 때는 직급순으로 올려 둡니다. 이러면 회의하며 상대방의 직급이나 성함을 다시금 확인해 가며 진행할 수 있어요.

여기까지 읽으면 '뭐 이렇게 복잡해?'라는 생각이 저절로 들죠. 하지만 한 번 익숙해지면 그다지 어렵게 느껴지지 않을 테니

저를 믿고 힘을 내봅시다. 만약 명함을 주고받은 후에 상대방이 악수를 먼저 청한다면 짧게 인사말을 나누면서 악수하면 됩니다. 참고로 상대가 먼저 악수를 청하지 않으면 굳이 먼저 악수를 청할 필요는 없습니다. 악수하는 것 자체가 회의할 때 반드시 해야 하는 필수 사항은 아니거든요.

업무 이야기 전, 스몰토크(Smalltalk) 시간을 가져요

명함을 주고받고 인사를 나눴다면, 이제 회의를 시작할 차례입니다. 보통 회의를 진행할 때는 인사 후 바로 업무 얘기를 하기보다, 일종의 분위기 전환을 위해서 스몰토크 시간을 가집니다. 물론, 스몰토크를 하는 게 필수는 아니에요. 회사 내부에서 일상적으로 진행하는 회의나 급한 안건으로 빠르게 진행해야 하는 상황이라면 생략하기도 합니다. 하지만 대부분의 회의에서는 본격적인 이야기를 나누기 전에 경직된 분위기를 해소하기 위해서 가볍게 일상적인 이야기를 나눕니다. 특히, 외부 업무 관계자와의 첫 회의라면, 서로 초면이라 어색한데 바로 업무 얘기를 하기는 어렵겠죠. 어쨌거나 좋은 업무 결과를 만들기 위해서 협의하는 건데 분위기가 어색하면 다양한 의견이 나올 수 없으니까요.

보통 회의에서 나누는 스몰토크는 오늘의 날씨나 계절에 대해서 많이 얘기하는 편입니다. 만약 점심시간쯤 진행되는 회의라면 "점심 먹고 오셨어요?"라고 물어보면서 이야기를 시작할 수 있겠죠. 사실 내향적인 저는 지금도 초면인 사람과 스몰토크하는 걸 어려워합니다만, 신입사원인 여러분에게는 스몰토크가 저보다 더 어렵게 다가올 수 있을 것 같아요. 그래서 나누기 좋은 이야기 주제와 예시를 정리해 봤으니 가볍게 읽어 보면 좋을 것 같습니다.

외부 업무 관계자가 회의 참석을 위해
우리 회사에 왔을 때

교통수단 관련

많이 바쁘실 텐데 회사로 와 주셔서 감사합니다.
오는 데 불편하시지는 않았나요?

먼 길 오느라 고생 많으셨습니다.
오는 데 힘들진 않으셨나요?

날씨 관련

비 오는데 오느라 고생 많으셨어요.
어제는 날씨가 되게 좋았는데, 하필 오늘 이렇게 비가 많이 오네요.
다행히 오후에는 그친다고 하더라고요.

오늘 날씨가 엄청 좋네요.
이번 주 내내 날씨가 흐리고 어두웠는데,
다행히 오늘은 날이 많이 갰어요.

식사 관련(점심시간 이후 회의일 경우)

다들 식사는 하셨나요?
(안 먹었다고 하면)
시간이 촉박하셨죠? 얼른 회의 끝내고 식사하셔야겠네요.
(먹었다고 하면)
이 근처에서 드셨나요?

나는 우리 팀, 우리 회사의 변호사

팀 회의를 제외하고, 다른 부서와 회의할 때 혹은 외부 업무 관계자와 회의할 때에 가지면 좋은 생각입니다. 나의 포지션을 우리 팀과 회사의 변호사라고 생각하면 좋습니다. '재판하는 것도 아닌데 웬 변호사?'라고 할 수 있지만, 변호사의 가장 중요한 역할이 '변호인의 이익을 최우선으로 하며, 변호인을 보호하고 대변한다.'라는 점에서 변호사와 유사한 포지션이라고 할 수 있어요. 그러니까 나의 개인적인 의견을 회의에서 말하는 것이 아니라, 우리 부서와 회사의 이익을 최우선으로 두고 말하는 것이 좋다는 얘기입니다. 이렇게 말하면 이해가 안 될 수 있기 때문에 예시로 설명해 볼게요.

[예시]

외부 업무 관계자(광고 대행사):

(회사 사정을 얘기하며)죄송하지만 다음 주에 전달할
예정이었던 매체별 광고 기획서 전달 일정을 이번 달
마지막 주로 변경해도 괜찮을까요?

A의 회사 내부 상황

새로운 서비스 런칭 일정에 맞춰서 광고 진행이 필요한
상황이라서, 일정이 늦어지면 저희도 곤란합니다.

A의 개인적인 생각

아… 들어 보니까 광고대행사의 입장도 이해가 가고,
굉장히 죄송하니까 일정 변경해 줘도 괜찮을 것
같은데….

[예시]에서, A는 광고 대행사가 일정을 미루려고 하는 이유를
충분히 납득하고 있는 상황입니다. 이런 A의 생각과 다르게 회
사 입장에서는 예정했던 일정에 맞춰서 광고 기획서를 전달받
아야 합니다. 이럴 때, A는 마치 변호사처럼 개인적인 의견과
입장보다 회사의 이익을 최우선으로 이야기해야 합니다. 이것
을 고려했을 때 A는 이렇게 말할 수 있겠죠.

> A:　　　그렇게 말씀하시니 저희 입장에서는 조금
> 당혹스럽습니다. 서비스 런칭 일정에 맞춰서
> 광고 집행을 해야 하는 내부 상황을 잘 아실
> 거라고 생각해요. 일정 변경은 어려우니,
> 기존 광고 기획서 전달 일정에 맞춰서 진행
> 부탁드립니다.

A가 광고 대행사의 입장을 이해하고 있고, 또 외부 업무 관계자에게 '광고 대행사의 입장은 충분히 이해합니다만.'이라는 말을 할 수도 있겠지만, 그저 개인적인 의견일 뿐입니다. 냉정하게 들릴 수도 있겠지만, 엄밀히 따지면 고객 입장인 A의 회사가 손해를 보면서까지 광고 대행사의 사정을 이해할 이유는 없거든요. 또 회사의 입장에서 생각해 보면 갑자기 정해졌던 업무 일정을 바꾸려는 광고 대행사의 요청은 다소 당혹스러운 게 사실입니다. A는 그러한 회사의 입장을 대변해서 광고 대행사의 요청을 거절한 것이죠. [예시]와 같은 상황은 광고 대행사와 광고주라는 특별한 상황이긴 하지만, 회사 대 회사로 미팅할 경우에는 최대한 회사의 이익과 입장을 대변한다는 생각으로 답변합니다. 또한 부서 간 미팅을 진행할 때에도 이러한 태도는 기본적으로 갖고 있는 것이 좋습니다. 내가 우리 팀의 담당자로서

다른 부서 담당자와 미팅할 때에는 우리 팀에 이익이 될 수 있도록, 또 팀 내부에서 합의한 방향으로 결론을 이끌어 내려는 태도가 필요합니다.

회의에 참석했을 때, 진짜 할 말이 없는 경우가 종종 있죠. 저도 신입사원일 때, 그럴 때가 많았는데요. 이렇게 할 말이 없을 때는, 주최자의 의견이나 다른 동료들의 의견을 기억해 뒀다가 비슷하게 대답하는 것도 방법입니다. 예를 들어, 동료가 "아까 ㈎라고 말씀하셨는데 이런 점에서 동의합니다."라고 말했다면 그 동료의 의견과 비슷하지만, 살짝만 다르게 말을 하는 거죠. "저도 (동료 이름)과 의견이 같습니다." 이렇게만 간단하게 얘기할 수도 있고, 혹은 단어 몇 개와 말하는 순서를 달리 해서 비슷하게 얘기하는 것도 방법입니다. 물론 솔직하게 "저는 의견 없습니다."라고 말할 수도 있는데, 매번 그렇게 말할 수는 없잖아요. 그럴 때 쓸 수 있는 방법이에요. 만약 다른 동료와 의견이 같다고 얘기하기도 조금 그런 상황이라면 "지금은 의견이 없지만, 회의 후에 의견이 생각나면 따로 전달해 드리겠습니다."라고 말하거나, "지금은 의견이 없지만, 다음 회의 때까지 생각해 보겠습니다."라고 얘기하는 것도 방법입니다.

① 회의 시작 전에 필요한 준비물이나 장비는 미리 준비하고 세팅하는 것이 좋습니다. 또, 회의 시작 시간에 맞춰서 회의실에 도착하기보다는 시작 10분 전에는 도착하는 습관을 기르는 것이 좋아요.

② 회의 시작 전에는 회의의 내용과 목적을 미리 파악하는 것이 좋습니다. 특히, 외부 업무 관계자와 함께하는 미팅에 참석할 때는 반드시 회의의 내용과 목적, 회의할 때 내가 해야 할 역할 등에 대해 숙지하는 것이 중요합니다.

③ 비대면으로 회의할 때는 비대면 회의 플랫폼의 사용법을 가볍게 익혀 두고 비디오 및 마이크 세팅을 미리 해두는 것을 추천합니다.

④ 외부 업무 관계자와 미팅할 때 옷차림은 가급적 단정하게 입습니다.

⑤ 명함을 건넬 때는 이름을 상대방의 방향으로 돌려서 두 손으로 전달합니다. 명함을 받았을 때는 바로 주머니에 넣지 않고, 가볍게 읽어 본 후 책상 위 잘 보이는 곳에 올려 둡니다.

⑥ 미팅 시작 전에는 가볍게 스몰토크하는 것이 좋습니다. 날씨나 교통편, 점심식사와 같은 일상적인 얘기를 짧게 나누고 나면 경직된 회의 분위기가 조금은 풀어집니다.

⑦ 다른 부서 담당자 혹은 외부 업무 관계자와 회의할 때는 나의 개인적인 생각을 표현하기보다는 최대한 회사의 이익을 우선해서 이야기하는 것이 좋습니다.

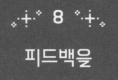

8
피드백을
받아들이는 방법

아니 A 님, 이렇게 센스가 없어서
앞으로 어떻게 하려고 그래요?

이런 기본도 모르면 어떡해요.
내가 도대체 어디까지
알려 줘야 되는 건가요?

죄송합니다….

(그날 밤)
내일 또 혼날까 봐 무섭다….

회사에 입사하면 누구나 상사에게 '피드백'을 받게 되죠. 상사로부터 받는 피드백에 익숙해지기란 쉽지 않은 것 같아요. 특히, 상사가 감정이 섞여 있는 부정적인 피드백을 준다면 마음에 상처를 받는 경우도 많습니다. 저 또한 처음 일을 시작할 당시에 피드백에 익숙해지는 게 쉽지 않았어요. 특히 상사가 받아들이기 어려운 피드백을 하거나, 선 넘은 감정적인 피드백을 할 때는 마음이 힘들었죠. 만약 여러분이 피드백 때문에 고민이 많거나 상처받은 경험이 있다면, '내가 예민해서 피드백을 못 받아들이는 건가?', '내가 일을 못해서 그런 건가?' 하고 자책하지는 않았으면 좋겠습니다. 이번 장에서는 어디까지나 여러분의 마음을 지키고 더 나은 업무 결과를 만들어 내기 위해서 피드백을 받아들이는 방법에 대해서 저의 경험을 토대로 조언해 드리려고 합니다.

피드백을 받아들일지, 말지는 온전히 나의 선택

아마 신입사원은 상사가 주는 피드백을 모두 받아들여야 한다고 생각할 수도 있을 것 같아요. 내가 생각했을 때 상사의 피드백이 부적절하다는 생각이 들더라도, 어쨌든 나보다 직급이 높은 사람의 말이니까 무조건 받아들여야 한다고 믿을 수 있는데요. 이렇게 생각하다 보면 상사의 부정적인 피드백을 받을 때마다 '나는 왜 이렇지?', '내가 못나서 그런가?' 하고 자책하게 되죠. 이런 신입사원에게 제가 하고 싶은 조언은 피드백을 받아들일지 말지는 본인 선택이라는 것입니다. 본인이 생각했을 때 그 피드백이 잘못됐거나 혹은 지나치게 감정적인, 나를 존중하지 않는 피드백이라면 받아들일 필요가 없다고 알려 주고 싶어요.

저는 예전에 한 회사에 저의 인격을 존중하지 않는 피드백을 하는 상사를 만난 적이 있습니다. 상사의 의도는 업무적인 도움을 주려고 한 걸 수도 있지만, 그 의도와 다르게 내용이 지나치게 감정적이었어요. 물론 상사도 사람이니 감정적으로 얘기할 때가 있을 수 있지만, 감정을 지우려는 노력조차 보이지 않는 상황이 많았습니다. 종종 업무와 상관없는 부정적인 말을 듣기도 했는데, 그럴 때마다 '내가 문제가 있나?'라고 생각하면서 위축되기 시작했어요. 이후 저의 행동 하나하나를 검열하게 됐습니다.

우연한 기회로 저와 다른 직무의 상사에게 이 고민을 털어놓게 됐습니다. 저는 상사에게 감정적인 피드백을 받게 됐을 때의 상황을 설명하면서 '이 피드백을 어떻게 받아들여야 할지 모르겠다.'라고 말했죠. 그때 저에게 상사가 해준 말은 "그 피드백을 받아들일지 말지는 너의 선택이다. 만약 네가 그 피드백이 잘못됐다고 생각한다면 받아들일 필요가 없다. 너의 업무 스타일과 태도에 문제가 없다고 생각한다면 피드백을 받아들이려고 노력할 이유가 없다."였습니다. 저는 그 조언을 들었을 때 충격을 받았어요.

신입사원이면 응당 상사의 피드백을 받아들이는 것이 정답인 줄 알았거든요. 이 조언을 받고 난 이후에는 제가 생각했을 때 선 넘은 감정적인 피드백, 인격 모독이 섞여 있는 피드백을 받았다는 판단이 들면 자책하지 않고 넘어갈 수 있게 됐습니다. 내가 어디까지 피드백을 받아들일지 기준을 세워서 판단하니, 나의 마음을 지킬 수 있게 되었어요. 저는 여러분이 피드백에 대해 기준을 만들고, 상사의 피드백을 어디까지 받아들일 수 있을지 나름의 선을 만들어 보면 좋을 것 같아요. 이 선을 정하는 기준은 정답이 없기에, 여러분의 판단에 맞추어 정하면 될 것 같아요. 기준을 정하는 데 고려할 점은, 나에게 하는 부정적인 말이 무조건 나쁜 건 아니라는 거예요. 나의 발전을 위한 쓴소리는 포용해야 '신입'이라는 위치에서 벗어날 수 있습니다. 그러나 정도를 지나친 비난은 과감히 흘려보내야 해요. 이때 "나는 저런 상사가 되지 말아야지." 하며 반면교사로 삼겠다는 마음도 도움이 됩니다.

부정적인 피드백을 듣고 위축된다면

회사에서 업무적으로 부정적인 피드백을 받을 때가 많죠. 내가 한 업무의 개선 사항이나, 업무 태도에 대한 부정적인 피드백을 듣게 되면 나도 모르게 위축될 때가 있는 것 같아요. 특히 신입사원 때는 쉽게 위축되는 시기이다 보니 더욱 의기소침하게 되고요. 저도 회사에 다니며 '어떻게 하면 피드백을 긍정적으로 받아들일 수 있을까?' 늘 고민했습니다. 고민 끝에 얻은 결론은 피드백을 바라보는 나의 관점을 바꾸자는 것이었어요.

첫 번째로 바꾼 관점은 "회사에서 받는 피드백은 나라는 사람 그 자체에 대한 피드백이 아니라 업무적인 부분에 한정된 일부 의견이다."라는 것입니다. 내가 평소 상사의 말을 어떻게 받아들이고 있는지에 대해 먼저 고민해야 바꿀 수 있는 관점인데요. 저의 경우, 상사의 피드백을 받았을 때 '나의 전부에 대한 비난'이라고 생각했기 때문에 마음이 위축되는 것이라는 것을 깨달았어요. 회사에서 보여주는 나의 모습은 그저 일부일 뿐이잖아요. 상사 앞에서 보여주는 모습이나 업무 퍼포먼스는 나의 일부에 불과하기 때문에, 부정적인 피드백 또한 나의 아주 일부에 대한 의견이라는 것을 이해하면 좋아요. 저는 관점을 바꾸고 전보다 부정적인 피드백에 덜 위축될 수 있었습니다.

두 번째로 바꾼 관점은, "부정적인 피드백은 오히려 나를 성장하게 만든다."라는 것이었어요. 신입사원일 때 저는 피드백 자체에 대해서 부정적으로 생각했던 것 같아요. 그러다 보니 부정적인 피드백을 받으면 조금은 억울한 마음도 들고, 일할 의욕도 줄어들곤 했어요. 근데 곰곰이 생각해 보니 제가 오만했던 것 같더라고요. 부끄러운 얘기지만 '피드백을 받지 않아도 나는 잘할 수 있어.'와 같은 생각으로 스스로를 과대평가하고 있었어요. 나 혼자만 열심히 공부하면 일 잘하는 사람이 된다는 믿음은, 사실 나를 '천재'라고 생각하는 거나 다름없는 건데, 스스로를 객관적으로 바라보지 않았던 거죠.

내가 혼자서 해낼 수 있는 일이 무엇인지 객관적으로 생각해 봤습니다. 나는 아직 동료의 도움이 많이 필요한 수준이라는 걸 깨달았어요. 이후 '이 과정은 성장에 밑거름이 되어 주는 것'이라며, 관점을 바꿨습니다. 오히려 도움을 청하기도 하면서 내가 볼 수 없었던 부분을 확인하고 개선하며 업무적으로 성과를 얻기도 했어요. '피드백'은 어떤 집단에 소속되어야 얻을 수 있는 혜택이기도 하다는 걸 알았습니다. 스스로 객관적인 피드백을 주기 어렵잖아요. 회사에 소속된 사람들은 각자 가진 능력과 기술이 다르니, 서로에게 의존하며 나아가는 거예요. 관점을 바꾸니 생각이 달라졌고 그렇게 얻은 긍정적인 에너지로 회사 생활을 했습니다. 덕분에 나의 마음을 건강하게 지키고 회사 생활도 꾸준히, 열심히 할 수 있는 동력이 됐어요.

피드백을 받았을 때 중요한 건 그다음

여러분은 상사가 피드백을 줄 때 어떤 생각으로 피드백을 주는 걸지, 생각해 본 적 있으세요? "다음부터는 같은 실수를 안 했으면 좋겠어."라는 마음으로 피드백을 주는 거라고 생각해요.

저의 경험상, 상사는 피드백 이후에 본인이 피드백을 준 내용에 대해서 신입사원이 어떻게 받아들였는지를 중요하게 보는 것 같았어요. 실제로 제가 신입일 때 다른 회사의 상사에게 받았던 긍정적인 피드백은 "한 번 피드백을 준 것뿐인데 더 이상 같은 실수를 하지 않고, 바뀌려고 노력하는 게 훌륭하다."였는데요. 여기서 포인트는 제가 긍정적인 피드백을 받았다는 게 아니라 상사가 같은 실수를 반복하지 않으려고 노력하는 저의 '행동'을 보고 좋게 평가해 줬다는 점이에요.

피드백을 받은 이후에는 상사에게 가타부타할 필요 없이, 행동으로 '내가 당신의 피드백을 받아들이려고 노력하고 있어요.'를 보여 주면 실수를 만회할 수 있는 거죠. 이때, 주의할 점은 상사가 피드백을 주게 된 계기인 그 실수를 '절대 반복하지 않겠다.'라고 생각하지 않는 거예요. '절대 반복하지 않겠다.'라고 생각

하는 순간부터 강박이 생기고 오히려 스트레스가 될 수 있거든
요. 대신 '같은 실수를 반복하는 횟수를 줄이도록 노력해 보자.'
라는 마음을 갖는 걸 추천해요. 이런 생각이 건강한 회사 생활
을 할 수 있는 밑바탕이 됩니다.

우선 내가 해결할 수 있는 문제인지 고민해요

저는 신입사원 때 내가 한 업무에서 실수를 발견하는 그 순간
당황스럽고 공포스러웠어요. 실수하거나 빠뜨린 내용은 없는
지 최종 점검을 한 후에 상사에게 보고한 업무에 내가 미처 알
아차리지 못한 실수가 있다는 걸 상사가 알려 준다면, 상상만
해도 등줄기에 식은땀이 흐르는 느낌인데요. 실수했을 때 당황
스러운 건 어쩔 수 없는 인간적인 감정이지만, 차분하게 내 마
음을 진정시키는 게 중요합니다. 아무래도 당황하게 되면 잘 대
처할 수 없게 되고 최악의 경우 문제가 더 커질 수도 있으니까
요. 그리고 신입사원이 보기에 대형 실수였어도 상사 입장에서
는 별거 아닌 실수거나 한 번 주의만 받으면 끝나는 작은 문제
일 수도 있어요. 실수를 발견했다면 '지금이라도 발견해서 다행
이다. 수정하면 되지, 뭐.'라고 생각하는 노력이 필요해요. 이후
에는 내가 해결할 수 있는 문제인지, 상사의 도움이 필요한 문

제인지를 생각하는 것이 좋습니다. 대부분의 문제는 본인 선에서 해결할 수 있는 실수이겠지만, 가끔은 그렇지 않은 것들이 있죠. 예를 들어, 하루 예산 30만 원으로 광고를 집행해야 하는데, 하루 예산 300만 원으로 광고를 집행해 버리면 큰 실수가 됩니다. 내가 해결할 수 없는 문제는 상사에게 빠르게 공유하는 것이 좋습니다. 회사에서는 문제가 생겼을 때 빠르게 문제를 해결하는 게 중요해요. 문제가 생겼을 때 내가 상사에게 혼날 거라는 사실에 초점을 두기보다는 이 문제를 어떻게 하면 더 키우지 않을 것인가에 초점을 두면 좋을 것 같아요.

① 상사의 피드백을 어디까지 받아들일 수 있을지 나만의 기준을 세워 보세요. 기준을 정하는 데 고려할 점은, 나에게 하는 부정적인 말이 무조건 나쁜 건 아니라는 거예요. 그러나 정도를 지나친 비난은 과감히 흘려보내야 해요.

② 부정적인 피드백을 받았을 때 위축되지 않으려면 나의 마음을 들여다보고 내가 피드백에 대해 가진 관점이 어떠한지를 확인해 보는 걸 추천해요.

③ 부정적인 피드백에 대해서 '상사가 주는 피드백은 나의 전체에 대한 피드백이 아니라 일부에 대한 의견일 뿐이다.'라고 생각해 보는 것도 도움이 됩니다. 또, 피드백을 긍정적으로 받아들여 '내 성장의 동력'이라고 관점을 바꿔보는 것도 좋아요.

④ 피드백을 받은 후에는 상사에게 행동을 통해서 내가 피드백을 잘 받아들였음을 보여주세요. 이때, 피드백의 원인이 된 행동을 '절대 반복하지 않겠다.'고 강박을 갖기보다는 '실수의 횟수를 줄여 나갈 수 있도록 노력하자.'라고 생각하는 걸 추천해요.

4부

꺾이지 않는
신입사원의 멘탈

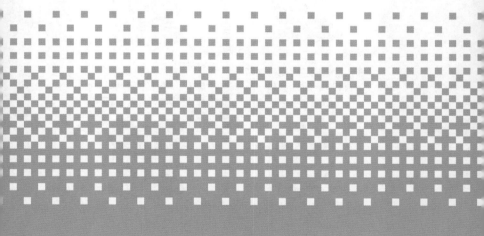

✛ 1 ✛

신입 때 미리 알았다면
좋았을 것들

A가 회사에서 일하면서
즐겨 마시는 커피는
디카페인 아메리카노다.

오늘은 바빠서
커피를 못 마셨네.

A 님, 업무 때문에 고생이 많죠?
이거 마시면서 일해요.
(커피를 건네 준다)

헉, 감사합니다!
(우와 디카페인 아메리카노잖아.
내 커피 취향도 알고 계셨구나)

앞선 목차에서는 업무와 밀접하게 관련된 주제를 다뤄 봤다면, 이번 장에서는 지금의 제가 돌이켜 봤을 때, '신입사원일 때 알 았다면 참 좋았겠다.' 싶은 것을 이야기해 보려고 합니다. 제가 신입사원이었을 때 했던 실수와 고민을 다양한 주제로 가볍게 준비해 보았어요. 조금의 도움이라도 될 수 있길 바라며 이야기 를 시작해 보겠습니다.

회사 동료는 친구가 아니다

업무를 떠나서 아마 신입사원들이 회사에서 가장 많이 고민하 는 게 '인간관계'가 아닐까 싶어요. 어떻게 하면 동료들과 친하 게 지낼 수 있을지, 어떻게 하면 회사 내에서 나의 존재를 어필 할 수 있을지를 많이 고민하죠.

저도 마찬가지였어요. 저는 첫 회사에서 마케터가 팀에 저 혼자였고, 나머지 동료들은 모두 직무가 같았거든요. 그러다 보니 은근히 소외감을 느낄 때도 많았고 동료들과 공통점이 없어서 대화도 적극적으로 시도하기 어려웠던 것 같아요. 특히, 저는 내성적인 편이라 더 어렵고 힘들었는데, '내가 너무 소극적인가?' 혹은 '내가 내성적인 게 문제인가?' 하고 자책했던 기억이 납니다. 이런 과거의 저에게 지금의 제가 하고 싶은 말은 "회사에서 사람들과 친해지고 싶은 마음은 충분히 이해하고, 네가 노력하는 걸 알지만 회사에 다니는 목적 자체가 친구를 사귀는 것이 아니기 때문에 네가 친해지지 못한다고 자책할 필요가 전혀 없어. 친해지지 않아도 괜찮아."입니다.

회사는 내가 돈을 벌고, 커리어를 쌓기 위해 다니는 곳이지, 친구를 사귀기 위한 곳이 아니거든요. 저는 신입사원일 때 그 사실을 잘 몰랐어요. 제가 겪어 본 조직은 학교밖에 없었고, 회사는 처음 겪어 보는 조직이었기에 학교처럼 동료들과 사적으로 친해져야 한다고 생각했습니다. 여러분도 저처럼 팀원들과 친해지기 위해 노력하는데, 쉽지 않다면 자책하지는 않았으면 좋겠어요. 제가 겪어 보니 회사에서는 동료와 사적인 친분을 쌓는 것보다 일적으로 신뢰감을 형성하는 게 우선이었습니다. 이 신뢰감이란, 동료들이 나를 생각했을 때 '이 사람이랑 협업하면 믿고 같이 일할 수 있지.', '이 사람의 실력은 믿을 수 있어.'라고 생각하는 것을 말합니다.

신입사원은 동료와 협업한 경험이 적어서 처음 입사하면 일단 신뢰가 0인 상태로 시작할 거예요. 신입사원인 내가 회사에서 성실한 태도로, 동료들과 한 약속을 어기지 않으려고(예를 들어 출근 시간, 마감 기한 등) 노력한다면 천천히 신뢰를 쌓을 수 있을 거예요. 하지만 너무 걱정하지는 않았으면 좋겠어요. 신뢰를 쌓는 건 신입에게도, 이직한 경력자에게도 어려운 문제거든요. 동료와 입장을 바꿔서 생각해 보면 같이 일을 해본 지 얼마 안 된 사람에 대한 신뢰감은 낮을 수밖에 없는 거잖아요. 동료들은 나라는 사람을 많이 겪어 보지 않았으니까요. '빨리 친해져야겠다.'는 부담을 내려놓고 시간이 오래 걸리더라도 신뢰를 쌓아 나가는 데 집중하면 좋을 것 같습니다.

사무실에는 보이지 않는 눈이 있다

저는 신입사원 때 회사 사무실에서는 각자의 업무에 집중하느라 누가 무슨 행동을 하든지 서로 신경 쓰지 않는다고 생각했습니다. 사무실에는 나를 지켜보는 눈이 많다는 걸 입사한 지 6개월이 넘어서야 알게 됐어요. 저는 비교적 다른 사람의 눈을 신경 쓰지 않는 편이거든요. 그래서 사무실에서 누가 일을 하면서 무슨 행동을 하든 잘 모르고, 신경조차 쓰지 않았던 것 같아요. 같은 팀의 상사들과 직접 이야기를 나눠 보니 상사는 부하 직원들이 어떻게 일하고 있는지, 업무 시간을 주로 어떻게 보내는지에 대해서 아주 잘 알고 있었죠. 여러분도 저처럼 다른 사람 눈을 별로 신경 쓰지 않는 성격이라면 회사에서는 다른 사람의 눈을 조금은 신경 쓰라고 조언해 주고 싶어요. 오해받는 상황이 생길 수 있거든요. 저는 실제로 한 동료에게 "사무실에는 보는 눈이 많잖아요." 하면서 핀잔을 들은 적도 있습니다. 동료가 나의 행동을 나의 의도와는 다르게 판단할 수도 있습니다. 본인이 생각했을 때 내가 잘못한 게 아니더라도 어쨌든 회사에서 업무와 관계없는 일로 부정적인 피드백을 받는 게 썩 기분이 좋은 일은 아니기 때문에, 회사에서는 보는 눈들이 많다는 걸 기억해 두면 좋습니다.

도움을 요청하는 걸 부끄러워하지 말자

제가 신입사원일 때 동료에게 도움을 요청하는 일이 어렵게 느껴질 때가 많았어요. 다른 사람들이 나를 일 못하는 신입으로 생각하는 게 두려웠거든요. 그래서 소극적인 태도로 민망함을 느끼면서 말할 때가 많았던 것 같아요. 지금 생각해 보면 혼자 지레 겁을 먹었다는 생각이 들어요.

제가 동료에게 도움을 요청했을 때, 저를 일 못하는 사람처럼 보지 않았기 때문입니다. 오히려 문제를 해결하는 데만 집중하거나 적극적으로 조언해 주려고 노력하는 게 느껴졌어요. 제가 비교적 좋은 동료들을 만났던 것일 수도 있지만, 생각해 보면 당연한 결과일 것 같아요. 어쨌거나 신입은 일을 잘 모르는 게 당연하고, 또 동료는 함께 좋은 업무 결과를 만들어 내기 위해 노력해야 하는 입장이니, 모르면 물어보는 게 당연해요.

물론, 내가 해결해 보려는 생각은 없이 요구만 하는 건 민폐지만, 그런 게 아니라면 도움을 요청하는 건 전혀 부끄러워할 게 아닙니다. 여러분도 만약 동료에게 도움을 요청하는 게 어렵다면, '나는 할 만큼 했는데 잘 모르겠네. 신입이니까 좀 도와주세요.' 하는 마음을 가지고 조금은 뻔뻔한 태도를 가지는 것도 좋을 것 같아요. 부담감과 민망함은 내려놓고 말이죠. 참고로 동료에게 굳이 뻔뻔한 마음을 드러낼 필요는 없다는 걸 기억해 주세요.

① 회사에서 동료와 사적인 친분을 쌓는 것보다는 신뢰감을 쌓는다는 생각으로 회사 내 인간관계를 만들어 가는 것을 추천합니다. 이 신뢰는 출퇴근 시간과 업무 마감 기한을 지키는 것과 같은 기본적인 업무 태도를 지키는 것으로 쌓을 수 있어요.

② 사무실에는 언제나 나의 행동을 지켜보는 눈들이 있다는 걸 기억해 두면 좋습니다. 그래야 업무와 상관없는 실수를 해서 부정적인 피드백을 받는 일을 줄일 수 있거든요.

③ 동료에게 도움을 요청할 때는 어렵지만 조금은 뻔뻔한 마음을 가지는 게 좋습니다. 이는 동료와 더 나은 결과를 만들기 위함이에요.

2
주눅 들지 않고
회사 생활하는 법

제가 신입사원이었을 때를 떠올려 보면, 사무실에서 누군가가 저에게 뭐라고 하지 않더라도 기본적으로 살짝 주눅 들어 있었습니다. 내가 무슨 실수라도 할까 봐 눈치를 보게 되고 상사에게 잘 보이고 싶은 마음이 큰 게 이유였어요. 그래서 저는 퇴근하고 난 뒤에는 정신적으로 피곤하고 지쳐서, 집에 도착하면 침대에 쓰러져 자는 일이 많았어요. 아마 여러분도 회사에 입사한 후 저와 비슷한 패턴으로 일상을 보내고 있을 것 같아요. 이번 장에서는 제가 신입사원이었을 때, 주눅 들지 않고 회사 생활을 하기 위해 활용했던 방법을 알려 드리려고 합니다.

제가 신입사원일 때 주눅 들어 있었던 이유는 '실수하고 싶지 않은 마음'에 있었습니다. 실수하기도 전에 '다른 동료에게 피해를 주면 어떡하지?', '일 못하는 신입사원이라고 생각하면 어떡하지?'라고 걱정했어요. 실수한 후에는 '왜 이렇게 바보 같은 실수를 했지?'라며 자책했습니다. 여기에 상사의 부정적인 피드백까지 받게 되면, 실수에 대한 두려움이 커집니다.

생각해 보면 신입사원이 가지는 실수에 대한 두려움은 당연한 것 같아요. 회사라는 조직에서 '직장인'이라는 타이틀을 달고 일하게 된 '나'는 어색합니다. 여기에 업무라는 과제가 주어져서 혼란스럽죠. 또한, 처음 보는 상사라는 사람은 나를 평가하는 상황이니까요. 이런 상황을 찬찬히 생각해 보면 신입사원이 긴장하고 실수하는 건 당연해요.

이제 걸음마를 시작하는 어린아이를 떠올려 보면, 신입사원의 상황을 이해하기 쉬워요. 걸음마를 하기까지 아이는 수없이 넘어지고 벽에 부딪혀요. 스스로도 어찌할 수 없는 상황에 답답해서 울다가 결국 첫걸음마에 성공하게 되죠. 신입사원도 어린아이처럼 성장을 위해서 실수하고, 시행착오를 겪는 중이라고 생각하면 주눅 든 마음을 보듬어 줄 수 있습니다.

스스로 어린아이라고 생각하는 게 조금 부끄러울 수 있지만, 뭐 어때요. 나 스스로를 귀엽고 예쁘게 생각하는 일은 좋은 거예요. 나는 내게서 벗어날 수 없는 유일한 사람이잖아요. 나에게 일어나는 긍정적인 일에 누구보다 기뻐할 준비가 된 사람이고요. 그러니 곧 회사 생활에 적응하게 될 것이라며 나를 믿어 주세요. 실수했어도 스스로를 비난하기보다는 대견하게 여기면서 충분한 보상을 해 주세요. 스트레스를 날려 주는 매운 음식을 먹거나, 상큼한 음료도 좋아요. 또는 영화나 만화를 보거나, 사랑하는 친구와 담소해도 좋고요. 어느 순간 회사에서 주눅 들지 않는 나의 모습을 발견할 수 있을 거예요.

업무 중 실수 때문에 주눅이 든다면 성장하기 위한 시행착오임을 받아들이고, 실수에 대해서 비난하기보다는 격려해 줍시다. 오늘도 온종일 회사에서 '더 나은 나'를 위해 애쓴 나를 보듬어 주세요. 그리고 오늘의 스트레스를 날려 버릴 수 있도록 적절한 보상을 해 주세요.

3

불안에
대처하는 방법

나 때문에 캣 대리님
또 두 번 일하시네….

진짜 울고 싶다….
난 왜 이렇게 실수를 하지….

이러다가 수습 통과
못 하는 거 아냐?ㅠㅠ

팀에서 수습 통과 못 한
신입 1호 되는 거 아니냐고!

회사 생활을 하다 보면 종종 다양한 불안과 마주칩니다. 평가에 대한 불안, 커리어에 대한 불안, 지금 맡은 업무의 결과에 대한 불안 등 다양한 불안이 신입사원에게 찾아올 수 있어요. 저 또한 회사 생활을 하면서 종종 느꼈습니다. 이번 장에서는 신입사원 시절에 어떤 상황에서 불안을 느꼈는지, 그리고 어떻게 대처했는지를 알려 드리려고 합니다.

내가 어떻게 할 수 없는 일은 놓아 버리는 태도

쉽게 불안해하지 않는 사람도 있지만, 저는 타고난 성정 자체가 불안에 대한 민감도가 무척 높은 편이에요. 신입사원일 때 저에게 불안을 안겨 준 요소는 '정규직 전환이 안 될까 봐.'였습니다. 저는 회사에 처음 입사했을 때 '수습 기간'은 말 그대로 '배워서 익히는 기간'이며, 정규직으로 전환되는 데에 큰 무리가 없을 거라고 생각했어요.

그런데 제가 입사한 회사는 정규직 전환을 위해 거쳐야 할 과정이 많았습니다. 물론, 수습 기간에 평가를 진행하는 회사는 많지 않은 것 같아요. 그런데도 저는 경험했고, 그 과정이 힘들었기에 과거의 저와 같은 상황인 분들을 위해 이야기해 보고 싶어요. 당시 저는 동료 평가부터 PT 발표까지, 정규직 전환을 위해서 거쳐야 하는 과정이 많았습니다. 주변 정규직 동료들은 저에게 PT를 준비하는 게 얼마나 어렵고 결과가 냉정한지에 대해서 미리 말해 줬어요. 얘기를 듣다 보니 어렵게 입사한 회사에서 정규직 전환에 실패해서 퇴사하게 될까 봐 걱정하기 시작했습니다. 회사에서 실수하거나 업무를 제대로 해내지 못했다는 생각이 들 때는, 정규직 전환에 실패할지도 모른다는 두려움에 사로잡히곤 했어요.

이러한 상황에서 제가 건강한 회사 생활을 하기 위해 가졌던 태도는 회사에서 할 수 있는 것이 무엇인지 찾는 거였어요. 그것을 해내는 데 최선을 다하되, 내 선에서 어떻게 할 수 없는 문제에 직면하면 더 이상 해결책을 찾지 않고 놓아 버리는 것이었습니다. 정규직 전환 성공과 실패는 제가 결정할 수 있는 문제가 아니잖아요. 동료가 나에 대해 어떻게 평가할지는 알 수 없어요. 내가 해결할 수 없다는 걸 깨달으니, 그저 할 수 있는 데까지 최선을 다하면 된다고 마음을 바꿨습니다. 아직 일어나지 않은 일 앞에서 전전긍긍하며 지금을 불안해할 필요가 없어요. 이때 배운 마음가짐은 프리랜서가 된 지금도 도움이 됩니다.

신입사원 여러분, 미래에 대한 불안이 밀려오면 수첩을 가지고 자리에 앉으세요. 지금 할 수 있는 게 무엇인지 적어 보고 그것을 해내는 데 집중하세요. 내가 어떻게 할 수 없는 일을 고민하며 불안해하지 마세요. 그러다 보면 부정적인 마음이 가라앉으면서 평안한 마음으로 업무를 할 수 있게 됩니다.

언제나 '다음 단계(Next Step)'를 준비하는 마음으로

저는 무엇이든 영원하지 않다는 걸 자주 떠올리고 그다음을 준비하는 편이에요. 이렇게 생각하게 된 건, 신입사원이었을 때 제가 소속된 팀이 하루아침에 없어졌던 경험 때문인데요. 막연히 앞으로 3년은 더 다닐 것 같다고 예상했던 회사에서 1년이 채 되지 않은 시점에 그만두게 된 거였어요. 여러분을 불안하게 하려는 의도는 아니지만, 제가 사회에 나가 보니 절대 일어나지 않는 일은 아니었어요. 제 주위에도 종종 있던 일이고요.

깨어지지 않는 신입사원의 멘탈 3. 불안에 대처하는 방법

'다음을 준비하는 태도'는 갑자기 닥쳐온 재난과 같은 사건에 조금이나마 나의 마음을 지키면서 대처할 수 있도록 도와줘요. 예를 들어, 회사에 입사한 후 내가 진행한 업무와 성과를 틈틈이 정리해 두면 다른 회사로 이직을 원할 때 비교적 수월하게 준비할 수 있어요. 이직할 때는 보통 경력 기술서나 포트폴리오를 제출하게 되는데, 평소에 내가 진행했던 업무 내용을 정리해 두지 않으면 작성하는 데에 어려움이 있을 수 있어요. 몇 년간 다닌 회사에서 내가 진행한 업무를 한꺼번에 정리하는 건 생각보다 쉽지 않고, 시간도 많이 소요됩니다. 내용이 방대하다 보니, 자칫 잘못하면 내가 진행한 업무의 성과를 누락해서 나의 능력을 입증하기 어려울 수도 있어요. 매번 자신의 업무 내용을 정리하기 어렵다면, 분기에 한 번씩, 혹은 6개월이나 1년에 한 번씩 정리하는 것도 좋습니다. 저는 분기마다 제가 진행했던 프로젝트를 정리했는데, 덕분에 이직할 때 업무 포트폴리오 작성에 큰 어려움을 느끼지 않았습니다. 나의 업무 성과를 정리하는 것 외에도, 퇴근 후 자투리 시간을 활용하여 업무 능력 향상을 위한 꾸준한 자기 계발은 자신의 경쟁력을 끌어올려 원하는 연봉으로 협상하거나 직무를 변경할 수도 있습니다.

① 　내가 어떻게 할 수 없는 문제로 불안하다면 우선 내가 할 수 있는 행동에 무엇이 있는지 생각해 보세요. 내가 결정할 수 없는 문제라면 생각을 놓아 버리고, 할 수 있는 행동을 해내는 것에 집중하세요.

② 　회사 생활을 하면서 나를 위한 '다음 단계'를 생각하는 마음가짐이 필요해요. 내가 도달할 수 있는 더 나은 미래를 도모해 볼 수 있습니다.

✦ 4 ✦
스트레스를
잘 관리하는 방법

제가 직장에 다닐 때 주변 지인에게 많이 질문했던 것 중 하나
는 '스트레스 관리법'입니다. 그만큼 직장인에게 스트레스는 떼
려야 뗄 수 없는 주제예요. 지구상에서 회사 스트레스를 안 받
는 직장인은 없을 거라고 자신합니다. 특히 신입사원이라면 익
숙하지 않은 직장 생활 때문에 더 큰 스트레스를 받을 수 있고
요. 저는 이번 장에서 제가 회사에 다닐 때 스트레스를 잘 관리
하고 해소하기 위해 했던 노력을 소개하려고 합니다.

인간관계 스트레스를 줄이는 방법

저는 업무에 대한 스트레스보다 인간관계에서 오는 스트레스가 더 컸어요. 물론 좋은 분도 많이 만났지만, 저와 잘 맞지 않는 분도 있었습니다. 저는 직속 상사와 잘 맞지 않을 때 가장 힘들었습니다. 작은 오해가 점점 커져서 감정적인 문제로 변하여 업무에 영향을 미치면 속상했어요. 아마 여러분도 앞으로 회사 생활을 하다 보면 인간관계로 고민하거나, 스트레스받는 때가 올 것 같아요. 그렇지 않으면 좋겠지만, 회사에는 다양한 사람이 모이기 때문에 예상치 못했던 상황이 생기게 되죠.

저도 이런 상황에서 스트레스를 줄이기 위해서 다양한 노력을 했는데요. 가장 효과가 좋았던 것은 사실과 판단을 분리해서, 사실에만 집중하는 거였어요. 예를 들어, 상사가 나의 옷차림에 대해 지적한 상황이라고 가정해 볼게요. 이때 이런 생각이 들 수 있어요. '나를 싫어하나?' 이건 판단입니다. 여기서 사실은 '상사가 내 옷차림을 지적했다.' 이거고요. 대개 사실보다 판단에 집중하면 기분이 나빠지기 마련이고 같은 상황도 해석하기 나름이에요. 이때, '내 옷차림이 회사라는 공간에서 어떻게 보였을까?'라는 질문을 스스로 던져 보고 스스로 도출한 결과에 따라 판단하면 좋습니다. 최대한 사실만 기억하고, 추가로 판단하여 얻은 부정적인 사고는 멀리하면 스트레스를 조금이나마 덜 받을 수 있습니다.

실제로 내 행동에 적용해 보고 익숙해지는 데 오랜 시간이 걸릴 수 있어요. 판단이라는 것은 자동으로 내 머릿속에 떠오르는 것이기 때문에, 모든 상황에서 판단하지 않을 수는 없습니다. 스트레스받는 일이 있다면 노트에 간단히 사실과 판단을 분리해 적어 보세요. 이럴 때 나의 판단을 객관적인 시각으로 관찰할 수 있습니다. 처음에는 익숙하지 않겠지만, 이러한 방법을 통해 나의 사고방식이 어떤 방식으로 흘러가는지 알 수 있게 돼요. 나의 감정의 흐름을 좇다 보면 대처도 더 잘 해낼 수 있습니다. 이때 주의할 점은, 나의 판단을 비판적으로 바라보기보다는 관찰하는 태도로 보는 거예요. 비판적으로 바라보게 되면 자칫 자책으로 이어질 수 있고 그것이 또 다른 스트레스가 될 수 있기 때문에, 관찰하는 태도로 나의 판단에 대해 생각해 보고 들여다보는 것이 중요합니다.

루틴 관리로 스트레스를 낮춰 봅시다

제가 경험한 바로는, 루틴을 지키지 못했을 때 회사에서 더 스트레스받게 됩니다. 예를 들어서 평소와 다르게 밤에 늦게 자서 수면 시간이 부족하거나, 최근에 햇볕을 많이 쬐지 못했을 때 스트레스에 더 민감하게 반응하게 될 때가 많아요. 이런 수면 시간이나 햇볕을 쬐는 것 같은, 굉장히 별거 아닌 일들이 내가 회사에서 받는 스트레스를 줄이는 데 도움이 된다는 걸 깨닫고 난 뒤, 유독 회사에서 힘들고 스트레스를 많이 받은 날이면 저의 생활 습관에 문제가 없었는지를 살펴보게 되었습니다.

그렇게 하다 보니 하루 7~8시간의 수면 시간을 지키고 일조량이 부족하다면 비타민 D를 챙겨 먹는 등으로 습관을 개선하게 되면서 스트레스에 대한 민감도가 확실히 줄었고요. 그래서 저는 사람마다 루틴은 다 다르고, 컨디션이 좋지 않게 되는 조건 또한 다르기 때문에 우선 내가 어떤 루틴을 지키지 않았을 때 스트레스에 취약해지는지, 스스로를 관찰하는 것을 추천해요. 저는 일조량, 수면 시간, 방의 청결도, 그리고 생리 주기를 주로 확인합니다. 스트레스를 많이 받을 때는 이 네 가지 중 하나가 원인인 경우가 많아요. 여러분도 회사에서의 스트레스 민감도를 낮춰 보고 싶다면 꼭 지켜야 하는 최소한의 루틴이 무엇인지 확인해 보고, 최대한 지킬 수 있도록 노력해 보세요.

자기 전, 명상 습관을 길러 봐요

기분 전환을 하거나 마음가짐을 새롭게 가지려 노력해도 불안한 마음이 가라앉지 않을 때가 있죠. 저는 그럴 때 명상 앱으로 명상하고 있어요. 명상이라고 하면 '앉아서 멍하게 있는 게 도움이 되나?'라는 의문을 품기 쉬운데, 저는 정말 많은 도움을 받았습니다. 앱 스토어에서 '명상'이라고 검색하면 다양하게 나오는데, 어떤 앱이든 대개 '불안'과 관련된 명상은 쉽게 찾아볼 수 있어요. 그리고 명상 앱은 목소리 가이드가 포함되어 있어서 가이드대로만 따라서 하면 초보자도 집에서 쉽게 명상할 수 있습니다.

저는 명상 앱 중에 'Calm'이라는 앱의 연간 이용권을 끊어서 사용하고 있습니다. 수면과 불안, 스트레스 등 다양한 카테고리의 명상을 제공하고 있어서 유용해요. 또, '직장에서의 마음 챙김'과 같은 명상도 제공하고 있어서 마음이 힘든 직장인에게 알맞은 명상도 있습니다. 굳이 저와 같은 앱이 아니더라도 '코끼리', '마보' 등 다양한 명상 앱이 있으니, 제공하는 서비스를 확인하고 이용하면 좋을 것 같아요. 또, 본인에게 잘 맞고 효과적인 명상은 각자 다르기 때문에, 명상을 처음 해 봤는데 효과가 없다면 다른 앱이나 카테고리의 명상을 체험하면서 단단한 마음을 길러 보길 추천합니다.

전문적인 상담을 받아 보는 것도 좋아요

회사에 다니면서 큰 스트레스를 받고 있는데, 안타깝게도 당장 퇴사할 수는 없는 상황일 때가 있죠. 저는 전문적인 심리 상담을 받아 보는 것도 좋다고 말하고 싶어요. 병원에 찾아가는 건 부담스럽다는 분이 많이 있죠. 심리 상담은 심리적 부담감이 적다는 점에서 좋은 대안이 될 수 있거든요.

저는 회사에 다닐 때부터 프리랜서가 된 지금까지 병원에서 상담과 약물 치료를 병행하고 있습니다. 회사에서 좋지 않은 일을 겪었을 때 큰 도움이 됐어요. 심리 상담을 통해서 미처 내가 알아차리지 못했던 나의 상황을 객관적으로 볼 수 있어서 도움이 됐어요. 물론 사람에 따라서 약물 치료가 필요 없는 경우가 많아서 무작정 권유하고 싶지는 않아요. 저는 약물 치료보다 가볍게 접근할 수 있는 '심리 상담'을 추천합니다. 최근에는 굳이 대면으로 심리 상담을 받을 필요 없이 앱 스토어에서 '심리 상담'만 검색해도 비대면으로 공인된 자격증을 취득한 심리 상담가와 상담할 수 있게 되어 있어요. 가볍게 둘러본다는 생각으로 서비스를 검색해 보는 것도 좋습니다.

심리 상담을 받았을 때의 장점은 본인의 마음을 심리 상담가와 깊이 들여다보면서, 행동과 감정을 보다 건강한 방향으로 이끌 수 있다는 것입니다. 단점은, 한 번의 심리 상담으로는 큰 효과를 보기 어렵고, 비교적 높은 비용을 지불해야 되는 것입니다. 이는 일정 기간 동안 상담가와 이야기를 나누면서 나의 내면을 들여다보고, 마음을 보살펴야 효과를 볼 수 있어요. 저 또한 2년 이상 상담을 받아왔기 때문에, 상담의 효과를 볼 수 있었던 것이고요. 높은 비용 지불이나 꾸준함이 있어야 한다는 단점이 있음에도, 본인이 생각했을 때 회사에서 지속적으로 스트레스를 받고 있거나 혼자서는 스트레스 관리가 안 되는 상황이라면, 심리 상담을 받아보는 것이 시도해 볼 수 있는 좋은 방법이라고 생각합니다.

①   회사 내 인간관계에 대한 스트레스를 많이 받는다면 나를 스트레스받게 만드는 사건에 대해서 사실과 판단을 분리해서 적어 보고, 내 판단에 대해서 관찰하세요. 내 판단이 어떤 방식으로 흘러가는지를 관찰하면서 더 나은 방안을 고민해 보는 것이 좋습니다.

②   수면의 질이나 일조량 등 생각보다 별것 아닌 요소가 나를 스트레스에 더 취약하게 만들 수 있습니다. 여러분의 컨디션을 지키기 위한 최소한의 루틴이 무엇인지 생각해 보고, 이를 최대한 지키려고 노력해 보세요.

③   불안을 잠재우는 데 '명상'은 도움이 됩니다. 명상 앱을 활용하면 직접 전문가를 찾아가지 않아도, 초보자가 집에서 쉽게 따라 할 수 있어요.

④　혼자서 도저히 스트레스를 해소할 수 없고, 같은 문제로 회사에서 오랫동안 스트레스를 받는다면 전문적인 심리 상담을 받아 보는 것도 좋습니다.

⸭✦⸭ 에필로그 ⸭✦⸭

치열한 회사 생활을 1년간 잘해 온 신입사원분들, 고생 많았습니다. 에필로그를 보기까지 회사에서 다양한 위기를 겪었을 텐데, 무사히 1년간 경력을 쌓았다면 드디어 적응했다고 봐도 무방하겠죠.

어쩌면 새로운 신입사원이 회사에 입사하고, 여러분이 가르치기도 할 텐데요. 누군가를 이끄는 일은 처음 겪는 일이기 때문에 나의 방식이 옳은 것인지에 대해 고민하는 순간이 많아질 것 같아요. 또, 여러분과 성향이 전혀 다른 신입사원을 만나 서로 합을 맞춰 나가는 시간이 생각보다 오래 걸릴 수도 있고요.

이런 상황에서 제가 하고 싶은 조언은 '내가 신입일 때를 항상 떠올려라.'입니다. 신입사원과 일하다 보면 신입사원의 실수나 행동에 대해 이해가 가지 않을 때가 있을 수 있는데, 그럴 때 여러분이 신입사원일 때 했던 실수나 행동에 대해 돌이켜 보면서 신입사원을 감정적으로 질책하고 싶은 마음을 다스려 봤으면 좋겠습니다. 물론, 업무가 너무 바쁘고 힘든 상황에서 신입사원의 실수를 마주했을 때 이런 태도를 갖는 것이 쉽지 않은 일이죠. 하지만 '모를 수도 있지.', '신입사원이 모르면 내가 조언해 주면 되지.' 하는 것과 같은 마음을 가지는 게 오히려 본인이 스트레스를 덜 받으면서 신입사원과의 합을 맞춰 나가는 데에 더 도움이 될 수 있습니다. 그리고 나 역시 아직 완벽하게 혼자서 할 수 있는 일이 적다는 것을 인지하면서, 그간 신뢰를 쌓은 동료에게 업무 고민을 논의해 봐도 좋습니다.

마지막으로, 스스로 1년간 회사 생활을 해온 나에게 작은 보상을 해 주면 좋겠어요. 자신의 노력을 치하하면서 그간 갖고 싶었던 물건을 본인에게 선물해 주세요. 여러분은 그런 보상을 받기에 충분한 분이니까요. 앞으로의 회사 생활도 잘해 낼 수 있도록 스스로를 다독여 준다면, 훌륭한 회사 생활을 지속할 수 있을 거라고 장담합니다. 그간 정말 고생 많았습니다!

위기 탈출 신입사원

신입사원의 비즈니스 메일, 서류 작성, 명함 사용, 전화 받기 등 회사 업무의 기본

초판 1쇄 인쇄 2023년 5월 18일

초판 1쇄 발행 2023년 5월 31일

지은이 | 직업인 A

펴낸이 | 이준경   편집장 | 이찬희

책임편집 | 김경은   편집 | 김아영

책임디자인 | 이 윤   디자인 | 정미정

마케팅 | 고유림   펴낸곳 | (주)영진미디어

출판등록 | 2011년 1월 6일 제406-2011-000003호

주소 | 경기도 파주시 문발로 242 파주출판도시 (주)영진미디어

전화 | 031-955-4955

팩스 | 031-955-4959

홈페이지 | www.yjbooks.com

메일 | book@yjmedia.net

ISBN | 979-11-91059-41-0(13320)

값 | 18,500원